同一屋檐下

30位宠物主人访谈录

丁维 ——— 编

上海书店出版社
SHANGHAI BOOKSTORE PUBLISHING HOUSE

目 录

推荐序

我们的傲慢与偏见

蒲凌尘

在我小时候，国内没有"宠物"这个概念，身边的动物倒是不少。

真正对宠物产生了解，源于 20 世纪 80 年代中期去欧盟总部欧委会学习的那段经历。

刚到布鲁塞尔的第一天，就看见大街上有不少人遛狗。我尽量绕开他们和它们。小时候听大人说：狗会咬人，如果狗冲你跑过来，要迅速弯腰做出捡石头的姿势，狗就会立刻停下脚步，转身而去。

第三天早晨，我步行去欧委会，途中要穿过卢森堡公园（布鲁塞尔的一处街心花园——编者注）。有位衣着整洁的老人坐在公园长椅上，花白的头发披着晨曦，自带慈祥的威仪。正当我欣赏着这幅端庄的画面时，不远处的灌木丛里蹿出一条体格健壮的大狗（后来我知道它是德牧），体型比国内农村的大狗更为壮硕。它围着主人坐的长椅环跳一圈，然后看见了我，眼睛一瞪，耳朵一竖，"噌"地向我冲来。我顿时慌了，下意识地弯腰去捡并不存在的石头，可是它不但没转身而去，反而加速向我冲来。见此情状，反倒是我转身跑了起来。这时只听老人轻轻一喝，狗停住了脚步，我也不自觉停住了脚步。我恐惧地看着它，它疑惑地看着我，似乎在说：找你玩儿啊，干吗跑呢！

这个经历触动了我：弯腰捡石头的姿势根本吓不住欧洲的狗，这难道也是文化差异?又是什么让国内的人和狗彼此如此警觉和防卫?

在布鲁塞尔住久了，我开始习惯在大街上与狗相遇，也学会了当地人的习惯：要么打个招呼，要么用手抚摸一下，要么尽管走自己的路。

我喜欢狗的撒欢热情，也喜欢猫的孤傲高冷。

欧洲很多房屋的窗户临街，又与行人的视平线高度相当，所以行人经常可以看到在窗台上晒太阳的狗或猫。如果是狗，我一伸手它们就会摇尾巴，眼睛盯着我，随着我晃动的手势来回摆动身体；如果是猫，不论我如何摆手，它们的眼睛总是直视前方，仿佛在说：走开，别挡住我的阳光。

在欧洲生活的经历让我认识了宠物，也重新认识了动物。这些认知与我幼时听到的戒律完全不一样。动物不具备人类的语言功能，但这并不意味着它们就没有情感，或者情感较人类低等。当人与动物彼此交融，双方能同时感受依托、理解、分担，语言在此时反是累赘。

这又让我想起另一次美好的经历。某年圣诞我受邀去瑞士朋友家过年，他家的小狗（据说很勇敢）见到我就撒欢，还跳到我的腿上。我之前从没见过它，但它好像知道我是主人的好朋友。晚餐后朋友对小狗说：明天早晨去蒲先生的卧室叫醒他，我们一起吃早饭。小狗略微侧了侧头，看看主人，又看看我，走回了自己的小窝。第二天清早果然听见了小狗的叫唤，声音从院子里飞快地传到我的卧室，还没等我准备好迎接它，它就一头拱起被窝，用鼻子蹭我的脚，又转身跑回厨房叫了两声，估计是在跟主人报告：任务完成!

这些愉快的经历得以重温，是因为作者丁维邀我为她的这本《同一屋檐下——30位宠物主人访谈录》作序。

我与丁维结识于欧盟反倾销核查，十多年来我们在多起案件中共事。她是专业翻译，我是专业律师。一向只知道她工作能力出色，没想到除了专业的核查翻译，她还有心捕捉到如此特别的视角，完成了这场充满人文载量的写作。

《乘愿再来》的受访人是普吉岛一家民宿的老板。不离不弃的爱犬在他眼皮底下因车祸丧生，死后还出现一连串神奇的回报。受访者一定是情到深处，才会拥有如此高超的表述和隐喻能力，令人不忍卒读。

《人间喜剧》采访的是群养宠物的幼儿园园长，开篇描绘的"动物护送上公厕"，画面感和年代感呼之欲出。受访人在 20 年间救助上千只流浪猫，于是流浪猫这出人间悲剧被定格在了独幕剧（做绝育），并且还逆袭成了人间喜剧。

《万物皆有裂痕》讲述了宠物店疏忽导致寄养狗意外怀孕的故事。无奈的主人亲手助产并且照顾小奶狗，辛苦的付出也换来了回报：小狗睁眼后发出的光让她知道了幸福的样子。丁维借用"there's a crack in everything, that's how the light gets in"这句歌词来做标题，堪称神来之笔。

《没有爱可以克隆》记录了 16 岁的高中生在自己的宠物狗得糖尿病后，对生命和爱做出的思考取舍，应当让不少成年人阅后羞愧。

养宠物既是对另一个物种的养育，也是对人类自身行为的修习。正如作者所言："用对待同胞的文明，去对待宠物；用对待宠物的温柔，去对待同胞。"宠物没有人类的语言，但有具足的情感；如果人类愿意调整自身的视角，或许还能借此纠正我们的傲慢与偏见，就像三十多年前，卢森堡公园里的那条大狗纠正了我的偏见。

感谢作者邀约作序，希望通过这本书与你结缘。

（本文作者蒲凌尘系北京卓纬律师事务所合伙人、钱伯斯 BAND1 律师）

推荐序

爱往何处去

陈敏

先聊聊作者。

算起来，从我们一起入读杭州外国语学校到现在，我和丁维已经认识36年。这些年我们的联系时断时续，偶尔眺望，看到她学习、成长、为人妻母，与不惑擦肩，又奔赴知天命；而我则在世界各地漂泊，卫国戍边。

她始终保持少年人的情趣与锐气，叠加这些年东奔西跑的见识，本应有无数篇章可以与大家分享交流。悲哀的是，为生计所迫，文思充盈的她多年沉溺于同声翻译之奇淫技巧。好在她醒悟得不算太晚，渐而拓展于笔译，才华终得以被书面固定和持久见证。

她翻译过不少作品，如阿兰·德波顿的《新闻的骚动》，还有艾略特与爱默生的诗歌——《大师的童谣》，但都不曾赠我以签名或非签名本，也很少提及。以我的了解，怀揣文字野心的她不可能满足于译者身份，信达雅于她是任由自身诠释的心理需要。她真正关切的是自己掌握文字。

果然，她动手了，选择讨喜的突破口："宠物主人访谈录"。据说国内还没人写过。访谈，说起来是偷奸耍滑、邀功请赏的写作，心有不甘的她于是发力选择采访对象、定义故事主线，用她自己在后记里的话说就是："在黑夜里捉萤火虫。"不出所料，每篇采访的后记中方露峥嵘，那是她意念的升华。我知道她已在竭力克制，尽量守住采访人的本分，否则她会把每篇后记写出访谈的容量。

再聊聊作品。

我虽然没养过猫狗，但和动物结缘的故事却漫长。

小时候养金鱼，南方的冬天，玻璃鱼缸整体结冰，透过光线能清晰看到金鱼凝滞的雕像，冻好多天，它们都死不了。夏天，我把金鱼捞到盐水碗里，把苍蝇拍下的"死鬼"扔进去，经盐水消毒后，金鱼一口一个，把苍蝇尸体吞下去。随后，金鱼开始产卵，雌的游在前面产，雄的游在后面吃，灭绝"鱼性"到我一度以为雌鱼产的是苍蝇卵。

工作以后，我的住处有个小院，搭几块砖头，养起了毛茸茸的小鸭，我跟朋友开玩笑，来年豪开全鸭宴。小鸭黏我，跟着我去厕所，跟着我去厨房，跟着我和女朋友到卧室。一次午觉，我恍惚被院子里的喧嚣声吵醒，又眯了过去；醒来，发现小鸭颤抖地躲在角落里，背上被撕掉了一层毛皮，露出血色肋骨和内脏。我拿出消炎药，碾碎在水里，强要喂服。眼见不活，我强忍眼泪，以文明的方式将它羽化。之后的几天，全小区都的人都看见一个拎菜刀的人，疯了似地遍地寻找黄鼠狼。

我不能继续讲述了，否则字数恐完胜作者的后记，故事也循祥林嫂体地唠叨。作为推荐序，引导大家关注作品本身才是正源。书里的 30 个故事，个个精彩别致，夹杂泪点笑点。有的讲故事，有的讲述人，依稀有我熟悉的模样；对于宠物爱好者，读来更应嘤嘤共鸣。至于不那么欢喜宠物的朋友，如果邂逅此书，也不妨看看别处的世界，感受不同的心境。

宠物的本质，还是宠人，宠自己。

更佳的结果是，顺带着，也宠幸一下身边的同类，以及，这个美好的大千世界。

（本文作者陈敏系中国国际贸易促进委员会驻澳大利亚代表处首席代表）

猜猜我有多爱你

九源躺在窝里

主人：甲鱼君，北京市高二女学生，"甲
　　　鱼君的抗抑之旅"公众号创始人
坐标：北京朝阳区
宠物：英短蓝乳，1岁半

维：甲鱼君你好！关注你的公众号很久了，写得特别真实还很有趣——"有
　　趣"这个词对宣传抑郁症的公众号不知道是否恰当，但这是我的切实
　　感受。你养猫是在得抑郁症之后吧？

鱼：是的。我从小就很喜欢小动物，童年时养过小鱼、小乌龟、仓鼠、小
　　鸡，但它们陪伴我的时间都很短。我是独生女，家的周围也没什么玩伴，
　　所以一直想养猫。但家里人嫌麻烦就没答应。

　　上高一后，整个人总是处于低落的状态，有时感觉就像溺水一般窒息。
　　我一向对医学感兴趣，猜想可能是哪里出问题了，就在家人陪同下去医院检查,确诊了重度抑郁症。去年春节前后,不得已住进了北大六院。出院后,爸妈又带我继续接受各种治疗。

幸运的是,目前我的病情已有明显好转。开通公众号是为了分享治疗的经历,帮助更多人。虽然抑郁症带来很多不便,但是我还是要感谢它教会我坚强,尤其是在治疗取得效果后,我真正地尝到了苦尽甘来的滋味。也是因为抑郁症,妈妈送给我一只小英短。如果没得抑郁症的话,我家人肯定还是一如既往地嫌麻烦,不让我养猫。

维:那先要祝贺你,能够走出病情,一天天康复。你给小猫取了什么名字?

鱼:叫九源。源是我一个朋友的名字,但如果叫源源,又感觉比较普通。我问妈妈喜欢哪个数字,她说喜欢九,于是就变成了九源。说来也巧,后来我们才发现"九源"二字恰好谐音"久缘",还挺浪漫的。我们也确实有缘分,不然当初在宠物店,怎么会一眼就看中它呢!

维:那你去住院的时候,九源已经来到你家了吗?

鱼:是的,当时九源刚到我家一个多月,我就不得不离开它去住院。住院部的管理十分严格,我每天只有 20 分钟可以用手机和家人联系。除了父母外,最想念的就是小九源了。当时我还担心,出院后回家,九源还会认得我吗?回到家那天,九源虽然没有表现得特别热情,但看得出它还认得我,任由我摸它抱它,弥补二十多天的空白。妈妈还跟我说,幸好有九源,否则我住院的三周她太煎熬了。

维:发病的时候,用手指抚摸它的松软皮毛,碰触它的温暖肌肉、细小骨骼,感受血液的流动,闻着猫味儿,会不会舒服点儿?

鱼：我发病的时候，心里像是堵了一块又冷又硬的冰，脑袋里全是乱七八糟的想法，只能平躺在床上等这种感觉自己消失，真的就是躺平。但有了九源后，发病时我可以抱着它，在怀里拥有零星半点的温暖，这就够了。其实它平时不太喜欢我抱，但说来也怪，我犯病的时候，它一次也没有弃我而去，嘴里还会发出"呼噜呼噜"的愉悦声音。我会把脸埋进它软软的毛里，等着心里的冰块慢慢融化。

维：你觉得自己是适合养猫的类型吗?我听说养猫的人和养狗的人性格不太一样。

鱼：嘿嘿，是的。有时我自己甚至觉得是投胎时开小差，所以没去成喵星。九源喜欢睡觉，我也喜欢睡觉；九源喜欢吃虾，我也喜欢吃虾；九源脾气很好，我脾气也不错；九源很文静，我也很文静；九源喜欢懒洋洋的，我也经常懒洋洋的……我俩都属于慢性子，很少急眼。也不知道是我影响它还是它影响我，反正确实很像。

维：养了猫之后，有没有什么特别美好的经历?

鱼：其实都是些微不足道的事情。比如，虽然九源各方面都很完美，但还是有个小毛病，就是不愿意陪我睡觉，总是自顾自地睡在别处，即使把它抱上床，它也会很快跑走。

不过最近不知它是开窍了还是"猫格"大变，突然特别喜欢陪我睡觉，虽然只愿意依偎在脚边，但我也特别满足，感觉自己被这样一个可爱的小生灵爱着。要是啥时候能睡在我头边就更好啦!还有一次我在独自生闷气，九源好像察觉到我的不对劲，跳过来使劲撞了我一下。以前我只是听说猫和狗能察觉到主人的异样情绪，那天在被撞的一瞬间，我实实在在地见证了。

维：猫果真是通人性。

鱼：它也从来不挠人。有时候我抱着它亲，它虽然不大高兴，也只是扭着身子挣扎，不会伸出爪子抓人。我把这叫做"逆来顺受"，父母则称之为"乖巧"。

对于这点，我心里很矛盾。从人的角度来说，它确实给我省了不少麻烦；但我更希望它别像我一样，压抑自己的情感，不懂得释放。希望小九源遇到不高兴的事情，还是能大大方方地表现出来，哪怕抓我挠我也没有问题。

维：这点让我好感动。这么体贴猫，而不是从于主人有利的角度去评价它。那以你对猫的这份爱，你还有愧对它的回忆吗？

鱼：有，两件事。第一件是踩了它。有天早晨我着急出门，不小心一脚踩在它尾巴上。它顿时"嗷呜"大叫一声，无比凄惨，把房间里还在睡觉的妈妈都叫醒了。幸好我检查后发现没有大碍。之前在网上看到过一个故事，有个主人买了双毛绒拖鞋，和自家猫的毛色、大小几乎一模一样，于是总把猫当成拖鞋踩……铲屎官们长点心吧！

第二件是带它做了绝育手术。做完手术带它回家，我们真是心疼得要掉眼泪。它就像一朵被暴雨打烂的小花，虚弱地躺在窝里，时不时因为疼痛长叫一声，又像是在哀怨叹气。不做绝育手术，它可能会更容易生病、缩短寿命，但是我根本不清楚九源自己是怎么想的。它是不是想要当一个妈妈，拥有自己的孩子呢？如果它能开口说话就好了。

维：九源现在还小，不过将来总要变老，你有没有想过猫的寿命一般会短于人类寿命？

鱼：我妈妈一直在担心这个问题。她希望九源能一直陪着我们，而不是提前离开。我当然也这么希望，不过，如果九源真的提前离去，我也不会太伤感，更多的，是落寞和思念吧。

不知道是抑郁症的问题，还是我的性格使然，我并不害怕生离死别，或者说，不明白为什么所有人都把这当做一件很重要的事。这个地球上，每天都有无数生灵诞生，又有无数生灵死去，重新幻化为自然的一部分，这是很稀松平常的事。虽然它的离去可能会让我不习惯，不过，一想到曾经组成过它的原子还存于这个世界，就感觉它并没有离开。

维：对生命看得这么通透，真有少年人的锐气。作为中年人，我已经畏首畏尾了。

鱼：九源去世后，我一定会找最好的雕塑家，塑一个惟妙惟肖的它，摆在它平日里最爱待的位置，陪着我。九源对我来说早已不是宠物，它就是我的家人。在我最困难的时候不离不弃；索求很少，却又用独特的方式给予我爱。

抑郁症这种病，比起躯体疾病，最大的痛苦就是精神上的折磨。很多人对这种病有误解，觉得我们整天悲痛欲绝，其实不是这个样子。更多时候，我只是无法集中注意力，对什么事情都提不起兴趣，眼看热情像沙子一样在指缝里滑落，却无能为力。

好在九源小天使来到了我的身边。它不会说话，却能和我交流；我们不是一个物种，却也能相依为命，慢慢学着读懂对方的心意。

有天早晨醒来，我的情绪很低落，正当不知所措的时候，突然想到可以为它织一顶毛线帽，也好转移注意力。等我找来毛线和棒针开始编织，它也兴奋极了，不厌其烦地跑过来抓毛线团给我捣乱。那一天我从早忙到晚，终于赶在日落时分织好了一顶毛线帽。看到它与我的作品合体，内心的阴霾已不知不觉消散了。

维：就是照片里这顶帽子吧?你手艺真不错。那还有没有想为小猫做，却犹豫不决或者还没条件实现的事?

鱼：有啊，我有一个梦想：开个小小的猫咖，店里养四五只懒洋洋的肥猫，循环播放我最喜欢的轻音乐，每日接待为数不多的客人。大家有一搭没一搭地聊天，一起喝我亲手做的咖啡。哈哈，太白日梦了吧。我还想发明一款"人猫交流器"，可以更好地听懂它的语言，可以给它讲人类世界的有趣故事，以及，我们有多么爱它。

后记

甲鱼君生长在温暖开明的知识分子家庭，是个热爱音乐的漂亮女生。但比长相更让人心疼的，是她柔软又善感的内心。自己得了重度抑郁症，求医问药之余，还愿意花大量时间搜索资料、更新公号、回答后台同病相怜的小伙伴提问。自己养的猫不抓不挠，还担心猫会不会和自己一样太压抑情绪，因而宁可她抓人挠人，释放压力。听完她的故事，感觉到一股温柔的惆怅从四面八方涌来，有个声音轻轻在问：猜猜我有多爱你?

九源戴着甲鱼君织的毛线帽

人间喜剧

左猫儿在喂狗吃早餐

主人：左猫儿，杭州市南肖埠幼儿园园长，流浪猫狗公益救助发起人
坐标：杭州市上城区
宠物：数十只猫狗（持续救助与领养中，具体数字呈动态变化）

维：左园长，情人节快乐！咱们终于约上了。你家的宠物规模惊人啊，人在其中感觉好渺小。

左：情人节快乐！是的，我们家宠物的品种和数量都比较多。说起来我家养小动物是祖传的，母亲、父亲、姐姐和我全部都在收留流浪动物。过来看看我家厨房！这里是厨房帮的猫咪：灶台上三只，油烟机顶上两只，调味架上一只，水槽边一只，吃饱窝在餐椅上睡觉的两只。

维：这些猫都各得其所，看到它们，我懂了什么是"假灶猫"，挤在厨房里左：还有其他更多猫猫狗狗散落在卧室、书房、卫生间、车库里。

从头开始说吧。自从我来到这个世界、睁开眼睛开始，小动物就一直陪伴着我。小时候跟父母住在学校宿舍，那个年代家里是没有厕所的，我们大小便都要去户外的厕所。我记得当时家里有大公鸡、母鸡、猫咪、狗，还有兔子。每天晚上睡觉前，我和姐姐都要去上个厕所，尽量不要在夜间占用痰盂的容量。

公鸡睡得早，晚上七八点钟它和母鸡已经睡了，但是当房门一开，它马上就会醒来，"喔喔"地叫着，领着猫咪和狗狗一起冲到前面，带着我们去上厕所。所以从某种意义上来说，我从小是依赖它们的帮助来生活的，虽然我也喂养它们。

去厕所的路上，猫咪会跑在前面，公鸡走在中间，狗狗跟在后面，它们三个很自然地形成了分工。以前的厕所就是一条长长的粪道，上面隔成一个个蹲坑，那时候大家的生活条件都很差，我们家连手电筒也没有，如果有根蜡烛也是要很节省地用，不可能每天晚上都秉烛上厕所。

我们就借着很微弱的星光和月光，跟着猫、狗、公鸡一路走到厕所。到了厕所就更加没有灯光了，那真是漆黑一片。公鸡这时候就止步了，站在厕所门口站岗。狗狗也不进去，跟公鸡并肩站着。如果这时有其他人来上厕所，狗狗就会叫起来，意思是我们在里面呢，你等等再进去。猫咪这时就溜进去，找到没人的蹲坑，然后蹲在那里让我们进去。猫咪的眼睛在晚上是透亮的，瞳孔又大又圆像颗闪闪发光的桂圆核儿，它就在那看着我们，"喵呜喵呜"地唤我们进去。我们就寻着猫咪的眼睛亮光，凭着对厕所布局的记忆，跨上蹲坑。

维：这故事也太有趣了，一个上厕所的故事，我居然听得津津有味，简直是迷你版的《西游记》。

左：到户外上厕所的这一幕陪伴了我们好多年。上完厕所出来，我们还要顺便接一桶自来水回家，因为家里没有水龙头。这时，猫咪就会跳到水槽上等候我们，大公鸡跳不上去，就和狗狗站在地上等。我们接好了自来水再一路走回去。队伍很庞大，很有仪式感。

维：你觉得与动物相伴长大的经历，是否强化了你的人际交往能力？

左：是的。我小时候不太爱表达，挺害怕跟别人交流，但家里有那么多小动物，我就对着猫咪和狗狗说话，絮絮叨叨，什么话都跟它们聊，我觉得它们一定能听得懂，虽然它们没有用人的语言反馈于我。

慢慢地，我真的变成了一个"话痨"，跟人聊起天来滔滔不绝。这一点我在工作中还经常能体会到。现在有很多自闭症儿童，这些孩子家里如果能养一只狗狗或猫咪，或许可以很有效地去治疗他们。还有很多孩子虽然够不上自闭，但是特别内向，在幼儿园里可以一整天都不说一句话，很多这样的孩子养了狗狗和猫咪之后，会跟小动物们唠唠，虽然他们不愿意跟人沟通，但是却愿意跟猫咪狗狗去说话，说着说着，慢慢就把自己的心结说开了。

我们幼儿园就有这样的孩子，在领养了猫咪或狗狗后，状态都有很大的改善。幼儿园里还有个饲养角，养过大公鸡还有小兔子，小朋友们也非常喜欢它们。

维：我好奇的是，群养宠物和单养宠物有哪些区别?我采访的对象大部分是养一到两只宠物，同时养多于两只的人比较少，而你同时养着几十只，所以我想知道，这样的饲养规模带给你什么感受?

左：动物的天性是群居的，所谓的单养是因为很多领养人觉得养一个就行了，所以这是领养人的选择。其实小猫小狗生下来的时候就是群居的，猫和狗都不太可能是独生子女，一窝总有几个兄弟姐妹，只不过在成长过程中，有的死亡了，有的被不同领养人抱走。大部分领养人只会领一个，不可能五六个都领走。

维：五六个都领走，对狗妈猫妈来说是不是也太残酷了。

左：如果一切遵循自然的话，猫狗妈妈自己在户外带孩子到六个月后，也就不管它们了。小猫小狗从那时起就需要独立生活。领养小动物最好是两三个一起领养，这样它们之间可以用肢体语言交流，而且也会形成小社会，还有帮派，有互相看对眼的，也有互相不对付的，非常非常可爱。

有种蒙特梭利的教学方式，就是混龄教育：大的带着小的，跟我们以前兄弟姐妹多的时候一样，其实也是对自然界动物群体的模拟。很多知识如果是由老师或妈妈来教，小孩子可能很难接受，但如果是哥哥姐姐来教就学得很快。

我家里现在有六十多只猫和十几条狗，新来的猫咪一定会观察哪组猫咪容易相处、跟着不会挨打，然后选一组猫群来跟。有几只大猫很会照顾小猫，小猫跟着它们就像跟着大哥哥大姐姐。我家的狗老大也是非常懂事的一条狗，所有进来的狗狗全都是它带着，由它来做规矩，比我做规矩有用得多。

我们家的猫狗相处也非常和谐。狗狗会追着胆子大的猫玩，胆小的猫就爬到高处看热闹。它们的生活、玩耍、分工都靠叫声和眼神来交流：打架有打架的叫声，逗你玩有逗你玩的叫声；喜欢你有喜欢你的眼神，讨厌你有讨厌你的眼神。它们的声音、眼神和肢体语言三位一体、同时发生，沟通效率一点儿都不比人类低。

维：有个问题可能有点唐突，不过我还是想问：你家养几十只猫狗，衣服上会不会都是猫狗味?当然对爱猫爱狗的人来说，这是爱的味道。

左：猫狗其实是没有味道的。有点味道的话，遇到空气也散发了，不像香水等化学物品会持久留味。当然拉屎放屁都是有味道的，就跟人一样嘛，那勤快打扫就是了。至于我跟猫狗在一起沾上的味道，只有当我碰到其他的猫狗时，它们才嗅得到，因为这是同类的气味，我们人类的鼻子其实是闻不到的。当然，猫狗发情时会乱尿，这时的尿会特别骚臭，但是进到我家的猫狗全部是要做绝育的，因为不做绝育的话就完蛋了，我家就变成繁殖场了。

科学养宠很重要。这些年，我身边待过几百只狗，上千只猫，全部都做了绝育。我家小时候养的猫和狗也是要做绝育的，我母亲带着它们去猪场，让兽医给做绝育。做绝育就是为了科学地养育猫狗。

维：收养这么多猫狗，需要很大的精力和财力呢。你有团队在帮忙做这些事吗?

左：对，这是非常现实的问题。养一两只猫狗的开销，一般人都还能接受；

养十来只的话，开销就比较大了；而像我这样养几十只甚至上百只，开销就更大了。所以唯一的办法就是努力赚钱，然后控制自己的消费。这些年花在毛孩子身上的钱，我也可以去买奢侈品，去潇洒地旅游，但我选择了延续它们的生命，我觉得很有意义。从救助、绝育到看病、送终，这么多年从我手上也走掉了无数猫猫狗狗，我也接受了它们的生老病死，一直陪到它们火化。

当然单靠自己是不能完成这件事的，我有一个团队。为了节省医药费，五年前我还开了一家平价宠物医院，去服务更多需要救助和医治的"毛孩子"。只有建立起团队和机制，这件事才能持续不断地做下去。

后记

毫无疑问，左园长是一个将感性和理性平衡得特别好的人，她选择的"救助加绝育"就是集大成的表现。以猫狗的繁殖效率，如果只救助不绝育，这条路不可能走得通、走得远。用不了多久，失控的繁殖就会如血盆大口，吞没爱心、精力和财力。流浪猫狗的出生本身是一场悲剧，但在左园长的手里，这出悲剧没有演化成多幕剧，而是被定格在了独幕剧，并且奇迹般地变成了人间喜剧。

准备给猫咪开饭

这世界我曾经来过

喵
喵

主人：Dolly，自由职业者
坐标：上海普陀区
宠物：中华田园猫10岁，美国短毛猫9岁，
　　　中华田园猫8岁（已故）

维：你好 Dolly，感谢你接受我的采访。

D：谢谢邀请。宠物主人访谈，这件事本身就挺有趣的，我从头开始说吧。我养过三只猫．第一只猫叫噜噜，是我们小区里的流浪猫，但它应该原本也是家猫，因为它非常黏人，只要看到人就会跟着。我和先生在小区看到，觉得它这样下去很危险，很容易被坏人抓走。而且它还是一只狸花猫，长得很漂亮。于是我们就回家拿了一把猫粮，把它给拐回来了。噜噜到了我家，一开始也有点紧张，但是它马上吃了很多猫粮，还在阳台上找了个舒服的地方躺下来，很快就适应了。

维：我突然明白了那句俗话"吃饱了不想家"，看来是真的。肚子饱了就会有满足感和安全感，而且血液循环到胃里，脑子就不会东想西想。

D：哈哈。感觉它以前就是家猫，不知道为什么流浪了，现在找到了新家，它就非常自在。至于为什么起名叫噜噜呢？因为它非常喜欢别人撸它，而且一撸就开始打呼噜，它是一只非常黏人的猫。

第二只猫是朋友家的美短生的小猫，名字叫吉米。你看它的照片，颜值很高，但是智商不是很高。也可能是因为它从小娇生惯养，没有流浪过，不知道"吃了上顿没下顿"是什么感觉，对吃饭这件事就不是很上心。经常看到它刚吃几口，噜噜或者喵喵就过来抢它的饭，它一看，就会主动让出来。

维：跟人一样，从小在温室长大，到了外面就成了孬种。跟混过街头的流浪猫还是不能比，没有所谓的"street smart"（街头智慧）。

D：没错。我再说一下第三只猫。收养吉米没多久，有朋友就问我，能不能让他家的猫在我家寄养一段时间。他因为家里有一些问题，暂时没有办法养。我同意了。朋友说，等他说服了家里人就接回去自己养，但后来他家里的矛盾没有办法解决，所以这只黑猫就正式成了我们家的一员。

它的名字叫喵喵，来的时候也是大猫了，因为是流浪猫出身，所以也不太确定到底几岁，我估计比吉米大几个月。它长得挺漂亮，但是没有尾巴，是被狗给咬断了，所以它特别讨厌狗。刚来时它脾气很差，一是因为到了陌生的环境，二是感觉自己被抛弃了，不让我们抱，还会咬人抓人，对家里其他两只猫也不友好。我们就把它隔离了一段时间，让它先熟悉环境，再慢慢放下戒心。养了一段时间后，我们发现喵喵其实是一只性格非常好的猫，还有点像狗：因为猫一般比较高冷，你叫它，它会假装听不见，但是喵喵不管在哪里，你一叫它，它会马上飞奔过来。

维：原先的主人家对于留不留它无法达成一致，肯定也当着它的面有过争吵，而你们给了它安全感，它就要把热情和忠诚回报给新的主人。

D：就这样，家里有了三只猫，都是公猫，我们就观察到很多有意思的事情。本来当家里只有两只猫的时候，家里的等级关系是很稳定的，噜噜经常抱着吉米给它舔毛，两只猫的关系可以算是"兄弟情深"。

维：大哥给小弟舔毛? 我以为是反过来，小弟给大哥舔毛。

D：对，这个很有意思，就是在猫的世界里，谁是老大就可以去给小弟舔毛，所以基本上都是噜噜舔吉米。舔毛是显示等级关系的动作。有时候我看到吉米反过来去舔噜噜，结果没舔几下就会被噜噜打，因为这是一个越界的举动，小弟是不可以去舔大哥的。

维：所以在猫界，"跪舔"这个事情和人类是反过来的。我现在有点理解了，为什么是等级高的给等级低的、大的给小的舔，因为动物生下来的时候，所谓"舐犊情深"，就是胎儿刚落地的时候，狗也好，猫也好，牛也好，都是由妈妈用舌头去把胎儿身上的胞衣、血水给舔干净，这个就是"舐犊"，可能就是非常古老的基因吧，即便是没有血缘关系的两个动物，也是大的给小的舔。

D：嗯，喵喵来了后，原来的平衡就被打破了。它在家里安顿下来后，看到噜噜是家里的老大，就先向噜噜发起挑战。但是噜噜是当之无愧的老大，别看它性格很温顺，打架的能力却很强。喵喵去挑战了两次，发现自己不是对手，只能默认了噜噜的老大地位。但是对吉米，喵喵一直认为可以打败它。它觉得自己尽管做不了老大，但是比吉米的地位总要高一点，所以一有机会就找吉米打架。

维：与"三角"相关的词汇好像都有种危险的意味，比如说三角恋，三角债，三个和尚没水喝。

D：嗯，噜噜是大哥，底下有两个小弟，但两个小弟的心态也不同。一个是毫无雄心的吉米，一个是并不甘心的喵喵。喵喵一直找机会挑衅吉米，吉米其实是没有什么战斗力的，它从小就在家里养尊处优，身子又胖，脑子里也没有危机意识，连自己的饭都可以让给别人吃，所以吉米的地位就被喵喵比下去了。不过，这种等级座次后来又出现了变化，因为喵喵生病了。

喵喵来了大概两年左右，就开始有口炎的症状。对猫来说，口炎算是比较普遍的一种感染炎症。它的口腔开始大面积发炎，吃东西的时候就会很痛。我们也去看了医生，医生说这主要是免疫力低下引起的，是先天的问题。确实，喵喵出生没多久就被猫妈妈抛弃了，然后被我朋友看到救助回来。我现在想想，可能它出生的时候就先天不足，所以猫妈妈觉得它是养不活的，就抛弃了它。口炎这个病没有办法根治，只能一直靠吃药维持，所以喵喵的状态，特别是后面两年的状态都不是很好。渐渐地，它也就没有力气再去打架，去跟吉米争斗了。

我记得是 2020 年 10 月份的一天，我正在出差，先生给我发消息说，喵喵突然不能动了，像瘫痪了一样，我让他赶紧送医院。我出差回来后，赶到医院，医生说喵喵是肾衰竭，可能就是长期服用口炎的药物导致的。因为它先天也不好，年纪又有点大了，医生觉得很难救回来，只能在医院里打点滴来维持生命。

我就跟喵喵原来的主人商量，既然回天乏力，那就把它接回家，在熟悉的环境里度过最后的日子，总比呆在医院冷冰冰的笼子里要好，所以我们就把它接回来了。

那时它的体温已经很低了，我用一张毯子把它包起来，放进箱子里，拎到阳台上晒太阳，噜噜和吉米都走过来看。它俩也没有什么特别亲密的举动，我觉得猫没有太外露的感情，和狗不一样。它俩就坐在它旁边，默默地看着它。

维：这一段让我挺唏嘘的。斗了大半辈子，现在三只猫这样坐下来，守望相助。

D：到了晚上喂猫的时间，我拿猫粮罐头给另外两只猫吃，突然间，喵喵的头抬起来了，眼睛也睁得很大，我就感觉它要吃饭。想来它在医院那几天都是靠打点滴度过的，应该没有吃过饭。我就拿了一个妙鲜包倒在碗里，它努力地把头抬起来，但身体还是不能动。我就用手扶着它，让它进食，它就这样自己吃掉了一整个妙鲜包。

维：喵喵的身世还是挺曲折的。先是被生母遗弃，然后被救助人转送，总算最后到了你家。刚来时还想挑战老大的地位，也想得到主人的关心和重视，尽管先天不足，但是特别努力地去散发生命的光与热。遗憾的是，再努力还是摆脱不了命运一早的安排。我想起卡夫卡写过的一个句子："猎犬们还在庭院里嬉耍，但那猎物却无法逃脱它们。尽管它正在飞速穿过一片片树林。"

D：那天晚上吃完妙鲜包，到了半夜，喵喵就走了。到现在，我还是会想喵喵。对猫来说，8岁还是壮年。我总觉得8岁就回喵星，太早了。对家猫来说，一般可以活到20岁左右，至少也要10岁吧。我经常在想，如果喵喵没有之前的那段坎坷经历，如果一开始就是我收养它，它可能会活得更久一点，更开心一点吧。

后记

采访结束，想着喵喵的身世，我脑海里响起郑智化的一首歌："是否记得我骄傲地说，这世界我曾经来过。不要告诉我永恒是什么，我在最灿烂的瞬间毁灭。"喵喵的故事就这样结束了，在这个屋檐下，噜噜和吉米的戏仍在上演。没有了喵喵，它俩的关系又回到了从前的兄弟情深，除了各自老了几岁，似乎什么都没有发生过。太阳每天升起落下，日子就这么过去了。

噜噜

吉米

宠物的政治正确

主人：戴律师，北京某律师事务所合伙
人、"2022 钱伯斯全球法律指南"
上榜律师
坐标：北京市朝阳区
宠物：柴田犬，4 岁

维：戴律师新年好！谢谢你接受我的采访。你家养了什么宠物？

戴：我家养的是柴犬。这个品种的狗比较接近原始的狗，带有野生动物的
习性，最开始是用来做猎犬的，并不是家养宠物犬。也就是在近几十
年内，它慢慢地被养成宠物。柴犬的近亲是秋田犬，普京总统就养过
一只秋田，是日本某个首相送给他的礼物。据说连普京都说那个狗特
别喜欢咬人。

维：跟其他成熟的驯化品种相比，养这样的狗会不会比较辛苦？

戴：会有很多不确定性。我们在养这只狗之前，对狗有些一厢情愿的想象，但真正养了之后，发现其实很多东西都无法按照计划进行。比方我想象中带着它去跑步，父慈子孝的样子，但它并不会按照这样的脚本来行动，所以经常会有预料之外的经验和感受。

维：之前养过别的狗吗？

戴：我之前没养过狗，但是在我小时候，我们老家有吃狗肉的习俗，大家把狗当家畜来养。有些人家年初开始养狗，养到年底狗挺肥了，就把狗吃了，现在想起来是挺残忍的。但是家里也养了猪啊、鸡啊，杀猪杀鸡的时候，大人小孩儿好像都不会觉得这个事情很残忍。不过我听到杀猪的叫声，也觉得猪挺可怜的。

维：我小时候也在奶奶家听到过杀猪的声音，确实惨不忍闻。

戴：我这个人心比较软，出门跑步看见树上掉下来小鸟，我会给它弄点儿水，或者找个地方保护一下它，否则过不多久它就会被猫吃掉。我也很容易被宠物的故事打动，疫情期间，还带着狗粮去喂野狗，因为有段时间很多人说宠物跟新冠有关，就把狗遗弃到绿道上。

维：所以人对动物的爱，为什么会分成三六九等？是不是人还是以自己为原点，以距离自己的亲疏关系，来对动物进行价值判断，并从中派生出宠物的概念。

戴：我们看到的动物，如果它也有两个眼睛，会和你对视，那感觉就不一样。

比如看到猴子、大猩猩，你会觉得和你长得很像，但是看到鱼类、贝壳，就会觉得跟我们人类差异很大，你对它们的感情就会浅一点。比如杀一条鱼对我来说没什么问题，但是你让我去杀大一点的动物我就干不出来，要是吃猴子我就觉得难以想象。

维：是的，我想到了乔治·奥威尔在《动物农场》里的那句话：All animals are equal, but some animals are more equal than others——所有的动物都是平等的，但有些动物比其他动物更平等。equal 本来是一个没有比较级，甚至作为比较级的对立面而存在的词，但现实生活中，比较却无处不在。

戴：现在养宠物的人很多，赞美宠物的人也很多，其中也包括道德上的赞美，以及对不爱宠物之人的道德谴责。但对于这些言论，我总是抱有一丝质疑。

就狗而言，并不能说它在本性上有多么善良，多么亲人，有这样那样值得赞美的品质。实际上它还是以动物性为主，它所表现出来的服从性，其实是靠长期的纪律和控制，比如食物的诱惑、条件反射，甚至还有惩罚来实现的。所以我觉得无限拔高这种感情是不对的，让人觉得不真实。

那反过来，有些人就会意识到这种不真实，并因此讨厌宠物。其实这些人讨厌的可能也不是宠物本身，而是这种虚伪的态度。比如他们会说，你的狗每天吃牛肉，小奶狗还要喝牛奶，那牛就不值得同情吗？据说人类对待奶牛的方式也很残忍：不断地给母牛人工授精，不断地怀孕产崽，但是生下来的小牛喝不到牛妈妈本应为它准备的奶，就直接被剁成肉酱做成汉堡包，或者是黑椒牛仔骨。你对这些可以无动于衷，但对流浪狗就这么有爱心，它们不都是生命吗？

维：说到黑椒牛仔骨，我记得以前没有这道菜，现在却几乎每家饭店都有。可见牛仔骨作为乳业的副产品在不断地被生产出来，继而进入下游餐饮业。

戴：这个讨论可以一直进行下去，我觉得也没必要进行太多干预，允许不同声音的存在，也是社会的进步。

我觉得很多人在表达的时候，语言本身有一定问题。因为表达的时候很情绪化，就会有意无意地越讲越脱离真实性。我作为律师，对这点有种职业敏感。

在一个案子里，控辩双方有不同的观点，各方都很激愤，都觉得自己是好人，而对方全是错。但是把两边的故事都听完了以后，作为律师，我会对问题的真实情况做评估，去寻找真实的点，当然这个点有时也很难找。

我的意思就是，如果你只听一个人讲故事，这个故事可能会被讲得很虚妄，两边都听一听就会好很多。其实我们会发现，不管是强烈喜欢宠物的人，还是强烈讨厌宠物的人，当听完两边的陈述，你很可能会发现，其实他们还有一些共同的价值观和人生观。

维：我个人感觉，不管持有哪种观点，只要逻辑自洽就都没问题。

戴：对，逻辑自洽很关键。不管说什么、做什么，都能用一套逻辑。不能对这件事用这套逻辑，对那件事就放弃这套逻辑，而转去使用其他帮你获胜的逻辑，然后再加上情绪渲染，这种作风就让人讨厌。所以对于动物保护主义者，我可以接受他们的某些东西，但是对于其中太情绪化的部分，我就不愿意被他们带入；至于那些反对动物保护主义的人呢，有些话说得也确实让人接受不了。所以就让他们自己去讨论吧。

我们小区的群里也有过关于流浪猫的讨论，起因是一条宠物狗把两只小流浪猫咬死了，当时群情激愤，影响很大。一部分业主坚决捍卫流浪猫，但也有人提出，小区里的流浪猫多了，对鸟类、昆虫或者其他野生动物也有破坏，对大自然的生态平衡也会造成干扰。我自己都见过流浪猫爬到树上去掏鸟窝，这对于它来说，是正常的猎食行为，但喂养的流浪猫多了，对自然环境也会带来破坏，这点是值得商榷的。

维：起初可能就事论事，发心也很单纯，但是一旦进入辩论的场景，选定立场后，就会被情绪裹挟，被输赢绑架，并非出于本意地越走越对立。

戴：我觉得各种观点，都没有必要去过度拔高或过度矮化。可以讨论，但不要把很难得到结论的东西去带入情绪，去影响别人。

维：在对抗中，人容易去认领超出自己本意的立场，为对抗而对抗。那你觉得怎样才是成熟的态度？

戴：我觉得也没有所谓成熟的态度，可能真正需要成熟的是我们的思维方式吧，比方说搁置争议、求同存异，尽可能达成共识。大家保持一定的弹性和柔韧度，允许不同的表达，可能就是所谓成熟的方式吧。

后记

　　可能是受律师的思辨惯性影响，这篇采访不知不觉就脱离了自家宠物的私房故事，转向更宏观的话题。"政治正确（political correctness）"这个词语源自西方语境，与中文里的"政治"没有一点关系。在养宠历史悠久又泛政治正确化的西方社会，对待宠物的态度是重要的辩论阵地，而全球化和国家崛起的时代背景，又让中国的宠物相关话题与西方语境迅速对接。对于很难得到结论的话题，我们所能期盼的，也只能是好好说话：用对待宠物的温柔，去对待同胞；用对待同胞的文明，去对待宠物。

柴犬和戴律师的女儿

检疫犬的诞生

小殷带着康康工作

主人：小殷，前检疫犬训导员
坐标：杭州市萧山区
宠物：史宾格，10岁

维：你好殷教官！谢谢你接受采访。

殷：谢谢丁老师，叫我小殷吧。我去年离职了，现在已经不是教官了。

维：好的。去年离职前，做了多久的训导员？

殷：我是从 2012 年开始接触训导员的工作的，先后接触过三种工作犬，分别是比格、史宾格和拉布拉多。

比格是从别人手里接过来，算是成品，没有从头到尾给它训练过；但是史宾格我把它从什么都不会的幼犬，训练成能胜任工作的检疫犬，全程参与了训练。

维：什么样的犬种适合做检疫犬？

殷：挑选检疫犬主要是看它工作的兴奋性和服从性，服从性在兴奋性之前。因为首先它要能听你的话，然后才能被训练得听从指挥。

维：兴奋性是指它一嗅到违禁品，就出现很兴奋的肢体语言，从而引起人的重视吗？

殷：不不，兴奋性是检疫犬最重要的一个指标，是指它愿意工作的欲望，能进入兴奋的工作状态去探索物品。有些犬就没有兴奋性，不管你怎么拿零食奖励，它就是不听你指挥去搜索。我说的兴奋性是指这个意思。

维：做训导员有什么样的要求？

殷：我觉得做训导员首先要喜欢狗，还有就是勤奋和耐心。

因为犬不像机器，只要反复操作就能熟能生巧。说到底呢，犬跟人一样，你首先要学会和它相处，然后慢慢地培养感情，从陌生到熟悉。当它把你当作朋友后，它才会愿意丢开戒心、听从你的指挥。

维：你们是在哪里训练的？

殷：开始是去专业的警犬基地，接受封闭集训，一般都是 1 个月起步。把一头犬从零基础训练成工作犬，训练周期大概是 3 个月。回来以后，每天还要反复训练。但一次也不能训练太久，因为犬的兴奋性持续时间不会很长，一般就是 10~15 分钟，之后就必须休息一下。

维：能介绍一下基地的训练生活吗？

殷：好的。我的史宾格叫康康，我们是从它 6 个月大的时候开始在基地封闭训练的。训导员被分配到自己的幼犬后，第一个礼拜要先培养亲密关系，这叫做亲和训练：不管白天晚上、有事没事，都跟它一起待在犬舍里，逗它玩，喂它犬粮和零食，陪它玩玩具。这样它就逐渐认识了你，愿意放下戒心。因为当一条陌生的犬接触到一个陌生的人，它有很强很强的戒备心，所以你首先要做的，就是用一个礼拜的时间让它放下戒心。在这个基础上，它才肯接受后面的训练。

维：我听说军犬的待遇很好，吃住都有标准，检疫犬是不是也一样？

殷：检疫犬参考军犬标准，单犬单间，分为内外室，大概有一个商品房卫生间的面积。每周洗澡两到三次，每天梳毛打理，训导员还要时刻关注犬的身体状况，主要是通过观察它的粪便来判断。

维：这些事情都是训导员来做对吗？

殷：对。这也是培养亲密关系的重要步骤。检疫犬的犬粮和普通家养犬的差不多，但还要补充鸡蛋、牛肉、维生素、卵磷脂和钙片等，还需要按时吃完，比如一顿饭两分钟吃完，不能吃太多也不能吃太少。

在基地封闭训练，人和犬都要遵守固定的作息。早上 6 点 40 分起床，先把犬舍卫生打扫好，粪便都处理干净，然后就到操场上开始训练。真正训练起来了，有顺利的时候，也有遇到瓶颈的时候。比如一个月以后，犬可能就会出现疲劳的状态，对你的奖励就没兴趣了，这个时候它就需要休息。其实这个时候人也很疲劳了。

维：对，休息很重要，谷爱凌就说成功的第一条是要睡好。

殷：是的。人和狗都需要休息。我们会让它休息一到两天，让自己也休息一到两天，这样，人和犬都得到放松的机会。因为犬的兴奋期只有十来分钟，如果超出时间去训练，就会事倍功半，因为它的心思已经不在训练上，一心想着去玩了，这个时候就应该停下来。训犬不是单靠时间就可以练出来，你要懂得它的心思，不能在它累的时候一直训练，这样根本就没有效果。必须分段训练，通过量的累积来达到目标。

维：你那个时候自己养了小孩吗?我感觉这些经验对于养育小孩也用得上。

殷：那个时候我自己还没有养小孩，但是你这么一说，我觉得训练的经历对小孩是有借鉴意义的，因为犬就像小孩一样，你需要照顾它的衣食住行。

犬这一辈子可能也就只有你一个主人，它把自己全部交给了你，所以你是要时刻关注、关心它的。你对它的照顾是全方位、全天候的，这跟养小孩一模一样。

训练中有很多技术性的要求，比如动作服从性：坐下、卧下、起立、随行。随行就是跟着人一起走，不用牵引带。概括起来的话，就是达到人犬合一的状态，你给一个眼神，它就能懂你。

维：一个眼神就能懂你……这是一种什么样的关系?父子?兄弟?师徒?

殷：我觉得是战友吧，战友比较合适。

维：我想来，真实的训练是蛮艰苦和枯燥的，那有没有什么让你难忘的高
　　光时刻?

殷：我要回忆一下，因为已经过去五六年了。

　　哦，想起来了。我曾经让它反复做"卧下"的动作，但是可能是训练
　　不得法，对于这个动作，它始终处于半会不会的状态，我当时也有点
　　灰心。有一天，我拿着篮球带它去球场上训练。我把球拍了几下，然
　　后把球扔出去，随口喊了"卧下"。就在那一刻，它真的在球场边卧下了。
　　当时它和我距离还挺远的，但因为在带犬过程中，我养成了时刻用余
　　光看它的习惯，所以当它在球场边卧下时，我一眼就看到了。那一刻
　　我觉得蛮感动的，因为它一下子开窍了，我的努力没有白费。

维：说起来是很简单的一个动作，但也是听了你的讲述，才知道一点一滴
　　的进步都很难得。那么训练结束后，你还一直带着它工作吗?

殷：训练回来以后，一直是我带它上岗训练，照料它的饮食、起居、洗漱等。
　　包括每天上岗之前的梳毛打理、下岗之后的日常训练任务。

　　检疫犬形象也很重要，要干干净净、整整齐齐地上岗，毕竟是国际空
　　港口岸工作，展示的是中国的国际形象。它的工作表现也很好，截获

过植物、水果、燕窝、鱼翅等几百批次违禁品。

维：它遇到违禁物品会做出怎样的反应？

殷：我们训练的是搜索到目标物品后坐下示警，因为我们也不知道箱包里是什么东西，只有等打开后才知道。

坐下是服从性动作里的一种，当然也可以训练成卧下，我们选择的是坐下。犬的嗅觉比人灵敏许多倍，所以它能嗅到很微弱的味道，连种子都能闻出来。

维：检疫犬能服役多少年？

殷：一般是九年左右，看犬的状态。好的话还能多干一两年，差的话不到九年就要退役。如果是 6 个月大开始训，训完后有上岗考核，考核合格就可以上岗，那时候一般是 1 岁多点，干到 10 岁左右。

我去年离职时，它还在工作。心里还是蛮不舍的，因为毕竟相处了六年多。但是铁打的营盘流水的兵，最终都要分开。回想起来，我能在它正值壮年的时候离开，也是一种幸运，因为我不想看到它十几岁老态龙钟的样子。现在离开，我记忆中的康康就永远是年轻有活力的状态。

维：离别的场面能描述一下吗？

殷：老实说，并没有网上看到的军犬退役那种场景——犬追着退役的训导员跑。

维：军犬退役真的会那样吗？

殷：我不知道，也许也有一点渲染的成分吧。

维：对于我的采访来说，真实比煽情更重要。你离开时，看到它还具备良好的工作状态，也是蛮欣慰的吧？

殷：是的，能这样离别我感觉还是比较欣慰的，也很有成就感。

后记

小殷与康康的故事讲到这里就结束了。六年朝夕相伴的训导生活，这份关系的亲密程度可能已经超过大部分的人际关系。然而真实生活中的离别，也许就是这么挥一挥衣袖，相忘于江湖。车跑狗追、热泪盈眶，或许只是存在于镜头之下。不过我相信，如果某天小殷坐飞机降落萧山机场，再见到穿着检疫背心的康康，他们一定会像战友重逢那般，往事历历在目。

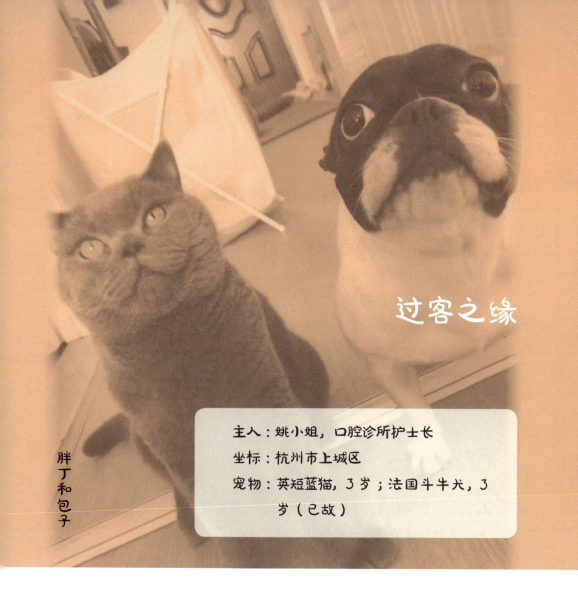

过客之缘

胖丁和包子

主人：姚小姐，口腔诊所护士长

坐标：杭州市上城区

宠物：英短蓝猫，3岁；法国斗牛犬，3岁（已故）

维：姚小姐你好，听说你刚找回了走丢的猫？

姚：是的。大年初二晚上，猫从我爸妈家走丢了。那天晚上，杭州下了今年第一场雪，家里人都在楼下吃饭打牌，也没有顾到它。第二天早晨上楼喂猫，发现窗户开得特别大，楼下的树枝还有折断的痕迹，我们估计是猫自己推开了窗，也不知道是跳下去还是掉下去了。我睡衣也没换就出门去找它，到处都找不到。

我们也想了很多办法：贴寻猫启示、托朋友发朋友圈，但是接下来的四天里，没有任何人看见它。

身边的朋友也给了我一些不错的建议，比如把猫粮放进罐子摇晃出声音；下载猫语翻译器去呼唤它。结果自己的猫没呼唤来，倒是招来不少野猫野狗，所以几天下来我认识了非常多的野猫和野狗。有些朋友跟我说，猫不像狗，走丢了还会回家；猫不认家，只能由人主动去找。第三天我买了个监视器，结果这个仪器真的发挥了作用。第四天早晨看回放录像，发现它竟然回来了，但因为家里的大门关着，它在门口徘徊一阵又走了。半夜 12 点多回来一次，1 点多又回来一次。所以第四天晚上，我给它留了门。它看上去很生气，但还是回来了。但是我的狗去年去世了，就再也回不来了。

维：说说你养猫狗的经历吧。

姚：起初我有偿领养了一只 2 个月大的猫，后来又从朋友那里接过来一条狗，那时它 1 岁多，已经经历过两任主人。

我的狗叫包子，猫叫胖丁。包子来的第一天，胖丁哭了，这是我第一次看到猫哭。后来我也有反思，可能我的举动让胖丁不开心了。

维：我能理解，就像有些老大知道妈妈生了弟弟妹妹一样。

姚：包子原来是朋友的朋友养的狗，主人因为各种原因不能再养了，就问我要不要。

我起先想养巴哥，但没有遇到投缘的狗，正好我也比较喜欢这只法斗，就有些心动。另外，考虑到家里有一只猫咪，想着再养只小宠物可以让它们互相陪伴。

我就和狗的前主人说，先把狗送过来让我试一下。因为我也不知道狗再次换主人后，是否能接受新的环境。狗来我家的方式也很特别，前任主人从宁波给它打了一辆顺风车，它就自己坐着滴滴顺风车，带着狗粮、狗窝、食盆到了杭州。

但我忽略了胖丁的想法，我没考虑它是否接受这个安排。

维：好有画面感。换做是人的话，大家肯定会夸赞："真独立啊！"狗的话就不知道该怎么评价了。

姚：包子来了之后，并没有表现出初来乍到的生疏感，而是很快就融入了新家。但它也并不是跟所有人都亲密，它知道我是新主人，只会听我的。只要我喊它，它一定会停下正在做的任何事情，跑过来找我。

反倒是胖丁表现出的情绪波动更大。我想它应该是想被独宠，或者没有做好准备迎接新伙伴。

那天我的行为也有点问题，因为家很小，我就把胖丁的窝移到角落，然后把包子的窝放在胖丁原来的地盘。等我整理安顿好后，发现胖丁缩在角落里掉眼泪。当时看到确实挺心疼，但是因为家里小，没有其他空间放狗笼，所以只能把胖丁原先的位置腾出来。

维：我还没见过猫哭，猫是怎样哭的？

姚：我不清楚其他猫咪是怎样哭的，胖丁哭的时候就是掉眼泪，默默地坐在角落里掉眼泪。它有一个习惯，如果生气了会离你远远的，而且不会面朝着你，会背对着你。

说到这里我也想补充一下：胖丁是金牛座的蓝猫，包子是射手座的法斗。胖丁非常沉稳，比较温顺，不太会发脾气但会有些执拗；包子则是特别外向和热情，不会生气，非常憨厚。所以有时我就会觉得，可能也是缘分吧，让我领养到稳重内敛的猫咪，又领养到热情奔放的狗狗，刚开始会有一些小小的不愉快，但后来相处得也很好。

维：这感觉和人类的亲密关系一样。夫妻间、兄弟姐妹间，不都是这样吗？

姚：是挺像的。狗不在家时，猫会黏着我咕噜咕噜叫，但只要狗一回家，猫就会躲得远远的。因为狗到家一定会扑我，这时猫就会去别的地方，带着醋意坐在那儿，冷冷地看着我们。所以我感觉猫的心眼会比较多一点，虽然它是个男生。而尽管狗是个女生，却憨厚得很，从来没有嫌弃过猫。

最早我也尝试过在遛狗的时候，把猫一起带出去。但是给猫拴绳子时它总是不配合。后来我就单独遛狗，胖丁在家里看着我们双双出去，又看着我们双双回来，会有点不开心。

维：同一屋檐下，不管是人和人，还是人和猫，人和狗，猫和狗，各种排列组合都会有情绪摩擦。

姚：是的，但是离开这个屋檐，它们的表现倒是有些出乎我的意料。

我爸妈家养了一只金毛。金毛很喜欢胖丁，但是跟包子就不能和睦相处。我也不知道这是为什么，同种相斥，异种相吸？

每次我带它俩回我爸妈家，金毛见到包子就吼。有一次我又带胖丁和包子回家，金毛看到胖丁就扑过去，想和它打闹着玩。其实这是喜欢和友好的表达，但是包子以为它要伤害胖丁，所以就用自己的身体挡住胖丁，不让金毛接近它。我看到这一幕还挺惊讶的。

还有一次，我带它们出去玩，住在陌生的环境里，包子就有些不习惯。原先我打算把包子放在狗笼里睡觉，把胖丁放在卫生间睡觉，但是包子整晚不停地叫。我也没什么招了，就试着把胖丁抱到狗笼里，和包子一起睡。结果它就停止叫声，很安心地入睡了。这点也让我非常惊讶，没想到它们平时在家打打闹闹的，到外面却相亲相爱。

维：平时有摩擦，遇事挺团结，这点和亲人之间也差不多。

姚：再往后说，就要说到伤感的部分了。去年的一天，包子因为吃到异物引起窒息，猝死了。当时我在上班，家里只有胖丁和包子，所以胖丁应该是目睹了全过程。具体的场面我没法想象，也不愿去想象，但我感觉这件事对胖丁也产生了心理阴影，后面很长一段时间，它就一直处于呆呆的状态。

在包子过世之后，我也经常会口误，脱口而出叫"包子"。每次我这么叫，胖丁都会探出头，往门口张望，可能它也想包子回来吧。从一开始嫌弃新来的狗、吃醋，到慢慢地不离不弃，再回到独自一猫的状态，它的心理也有变化。

维：过去是猫耍小心思，而狗保护着猫，现在憨厚的一个先走了，剩下的那个是不是也安静了不少？

姚：现在它更黏我了。我在床头放了包子的相框，胖丁很喜欢去玩那个相框，用爪子拨弄，把相框拨倒。猫咪有这种习惯，喜欢用爪子去拨弄东西，或者去闻闻。这可能也是它对包子的怀念方式。

维：狗死了，猫又丢了，这一年过得不容易。幸好猫又回来了，经历了这些永久和短暂的离别，有什么感想？

姚：说真的，当猫走丢时，我感觉非常失落。因为在一年里接连失去两个朋友，这感觉太糟糕了。回放第三天晚上的录像时，看到它在画面中出现的一瞬间，我简直太开心了，说明它记得家在哪里，并且回来过。我当时很自责，为什么它走丢的第一天晚上没有留个门？如果留了，它可能就不会在外面流浪那么多天了。

维：这也让我想到：虽然宠物跟主人相比，方方面面都处于被动位置，但是在走失这件事上，宠物可以难得地自主一回，并把主人推向被动境地。

姚：是的，这次我确实充分体验了被动的感觉。所以我觉悟了，以后会更多地给它主动选择的机会，包括喜欢吃哪些猫粮、用哪些猫砂，喜欢在哪里躺着，也包括对于离家出走的态度。如果它真的不想回来了，我就祝福它可以健康安全地待在某个地方。

缘分的到来和散去一定都有道理。胖丁与包子最终都会成为我人生的过客，但我心里永远会给它们留一席之地，我相信它们之间也是如此。

后记

　　短短几个月里，生活给姚小姐关上一扇门，又关上一扇窗。她就在门窗紧闭中度过了虎年春节的四天假期。第五天早上，窗被重新打开了，熟悉的风景又呈现在她的眼前。黑夜给了她黑色的眼睛，现在她的眼神更灵敏了，对于光明也有了新的理解。

女神的礼物

主人：老梅，汉嘉地产创始人、茶本志馆主
坐标：杭州市富阳区
宠物：边牧，11 岁；波音达，1 岁；
　　　波音达，1 岁

维：你好老梅，咱们总算是约上了。你什么时候开始养狗的？

梅：我养狗的时间还挺长的。我今年 50 岁出头，30 岁时我从厦门回到杭州，
　　开始在杭州创业，那个时候就养狗了。

维：养了 20 年狗，创业的时候开始养……创业的人不是自己都忙成"狗"吗，
　　还养狗？

梅：一来我自己属狗，对狗有好感，很自然地想要维护我们属狗人的好感度，比如忠诚、开朗、活泼。二来机缘巧合，有次去上海出差，我在一家宠物店看到一条波音达。当时的宠物店也不多，这条波音达给我印象很深刻，特别懂事。所以我就想，我也要养一条这样的狗，作为朋友，作为陪伴。但是就像你说的，我刚创业的时候其实挺忙的，所以是等到 2002 年，我去岳王路花鸟市场买了条狗。那条狗是威玛跟獒犬的串。我那时候也不懂，就买了过来，取名巧克力，因为它的颜色是巧克力色。但是没想到，它长得非常快，两个月后就变成一条无法养在公寓里的中大型犬了。于是我就搬到了梅家坞，在那里租了个有院子的农民房养它。但就像你说的，我自己很忙，所以需要不断地委托别人来照顾它，于是它就在很多人的饲养下，吃百家饭长大了。

维：可以想象。你刚才说狗懂事，这是什么意思？

梅：就是指它跟人的互动比较强，能理解人，不像猫——我个人觉得猫跟人的互动性差一点，狗却能接收人的指令，比较懂得人的意图，而我本人对沟通的要求也蛮高，希望人与人之间也要互相理解，互相懂得，所以对宠物难免也有这样的要求，希望它能懂我，我也懂它。但是我是不是真的懂它，其实也难说。

这 20 年我陆陆续续养了五六条狗。自从养了狗、租了农民房，就不断有朋友把他们养不来的狗送到我的院子里来，所以一度我的院子里有七条狗。然而事实上，我只是负责这七条狗的饲养经费而已，真正照顾它们的是我请的阿姨。这个院子就像狗收容所，但实际上我对每条狗付出的心血或者陪伴并不多。我那时候享受的是当"狗司令"的感觉，一到院子里，狗都跑过来。

维：从创业和养狗来看，你可能天生就是领导型，工作中要带领人的团队，生活中要带领狗的团队。

梅：可能是吧。所以当时对狗的要求就是服从我，跟随我。后来因为狗太多了，也会扰民，我就开始陆陆续续往外送，只留下了一条叫做辛巴的拉布拉多犬。辛巴是 3 个月不到的时候开始养的，小时候是魔鬼，到处啃，到处闯祸，所以我那时候也是采用严加管教的方式。现在想起来可能是不太对，但当时的管教方式，使它的服从性变得很强。我经常带它出去旅行，最远去过贵州。

那时候我住在玉皇山下的院子里，我家阿姨说，只要它一趴到院子的门缝下面，五分钟后我的车必开进家门。其实五分钟前，我的车肯定离家还有几公里远呢，但狗跟你就有一种默契，它可能已经感觉到你要回家。

维：这个蛮奇妙的。据说古代打仗时，士兵趴在地面上听，可以听到敌人行进的声音，以此判断敌军的规模和距离。但路上车水马龙，它居然能从那么多的引擎和喇叭声音中判断出你的车，这已经达到心灵共振了。

梅：是的，我继续说。辛巴会晕车，还会吐，所以我带它出门旅行，一路上要一直照顾它，这也是我照顾孩子的操练，因为那时候我也刚刚有孩子。

2005 和 2006 年，是我事业最忙碌的时候，但我回到家一定会跟它玩，周末带去爬山和游泳。

它最喜欢游泳，水性极好。我跟它去游泳的时候，经常被它按在水下面，因为它喜欢趴在我的背上。有时候它玩得开心了，会把我抓出血印子，但它不会真的伤到我。

后来为什么离开我呢？是因为2008年我们搬家了，从阔石板的院子里搬到公寓房。拉布拉多最大的麻烦就是掉毛很厉害，那时候正好有个朋友开了个马场，所以我就把它放到朋友的马场里去了。送去后，它在那里也很欢乐，但是到了第二年的春节它失踪了。实际上很有可能是被人拐走了。到了冬天，有的地方有吃狗肉的习惯，所以多半是被人套走了。辛巴很认路，但是从马场走失后，居然再也没有回来，估计就是遇害了。我很伤心，也很内疚，觉得没有照顾好它。

维：我这么听下来，觉得对辛巴的安排好像也有点问题。

梅：现在看起来都是有问题的。养宠物反映的就是自我成长的过程，那时候我对宠物的理解，跟现在肯定不一样。那时候觉得，我养的狗，怎么安排它都是合理的，都是为它好，认为狗的美德就是服从。至于它需不需要关爱，那时候想得比较少。

辛巴走了以后，我又养了一条贵宾犬。那条贵宾犬非常聪明，也更黏人，更需要陪伴。但那时候我陪伴它的时间很少，它就跟我做各种对抗，所以这条狗在我心目中是最不听话的，但它又是最聪明的一条狗。

因为它在我们这里得不到足够的重视和陪伴，所以整天闯祸，一会儿在床上拉泡屎，一会儿在沙发上拉泡屎，用各种方式来引起你的重视，但是我们给它的重视当然是一顿惩罚。这样的恶性循环，让这个狗跟我们的关系越来越差。后来它就被送给了孩子的外婆。

维：所以说，狗的智商不仅仅表现在它的服从性，也可以表现在其他方面，比如记忆力、理解力，甚至是对主人所做的安排发起挑战，以不可预料的方式去突破你的防线。

梅：是的，我之前对狗的这种好恶判断其实维持了很久，一直到我从加拿大回来再次养狗，才彻底发生了改变。

过去我认为，所谓爱你，就是对你承担责任，所以我养狗也好，创业也好，培养团队也好，都承担了很多责任。于是我就希望，作为回报或者要求，大家可以按照我的意图来行事。我对爱的理解就是为其负责，但我没有去考虑爱的另一方面。爱的另一方面是什么呢？我去了加拿大之后，才对这件事有了充分的认知。

维：是什么认知？

梅：先补充一点。贵宾犬送给孩子外婆后，我们又养了一条狗。当时我们搬到近郊的别墅里，有了院子，我想，还是要养条狗啊，就养了一条边牧。它是比较聪明的狗，但最经常陪它的不是我，而是孩子的外公，所以它跟外公形成了非常好的关系。可惜 2015 和 2016 年，外公生病了，再后来我带着孩子们去了加拿大。所以从外公生病一直到他去世的那段时间，边牧也非常悲伤。

我去加拿大的时候，也考虑过要带边牧去，但那时候加拿大那边还没安顿好，很多事情来不及办，就把它留在了别墅里，委托保安去喂他。那时候它是最孤独的，因为这个家里的所有人突然都走了。

维：你这些年养的这些狗，在农家院、公寓楼、郊区别墅，断断续续，起梅：这个映射关系当然有，就是我在养宠物，宠物也在养我。到今天我觉得，这一路上养狗也好，带孩子也好，创业也好，家庭也好，都是在给我提醒或者教育。我对宠物愿意承担责任，可是承担责任的方式我懂吗? 不见得。我彻底明白这一点是在去加拿大以后。

2017 年我去了加拿大，在那边待了三年多，有很长的反思时间。我去加拿大纯粹就是为了陪孩子读书。带孩子跟带员工是不一样的，孩子不是你的员工，你不能开除他。你以为你在用正确的方式指导，但他们不一定接受。如果没有好的亲子关系，孩子就听不进你的话，宠物也是一样。

我在加拿大的这几年，看到了别人是怎么对待亲子关系的，也看到周围的邻居是怎么养宠物的。他们对宠物的关爱出乎我的意料。我之前只知道国外的狗和猫都很听话，你让它怎样它就怎样，我还纳闷中国人怎么养不出这样的狗。去了加拿大以后才发现，啊! 那是因为主人对狗付出了大量的心血，完全把它们当作家庭成员来对待。

我的一个邻居每天遛狗两回。他的狗已经是十几岁的老狗了，又瞎又瘸，但他每天一早一晚坚持遛狗。加拿大的冬天寒冷又潮湿，经常下雨，他们一人一狗，双双穿着雨衣，一起去散步。这让我很震撼。我问他遛了多少年了? 他说九年了。

加拿大人对动物非常非常热爱，对狗更是如此。所以他们的狗在家里一起睡，一起吃，出门一起玩，任何场所基本都不会拒绝狗。小宠物也可以坐飞机，用箱子提着上飞机。顺便说一句，加航对宠物的托运是最最宽松和仁慈的。这些宠物在主人无微不至的关爱下，和主人建立起强大的信任关系，就会表现得非常听话，而且狗不会互相乱叫，或对陌生人乱叫，因为狗对人已经完全接纳了。因为有这样的主人，它接纳了所有人。

维：我这么说可能有点冒犯：你这些年养的狗，乍一看，是抓住了它们最好的年龄段或最高光的片段，但实际上你所得到的，并非是狗能够给你带来的最珍贵的东西。要得到最珍贵的东西，得去把屎把尿，照顾老病后的它们。在这样的过程中，你看似付出很多，实际上得到的更多。你之前的宠物价值观是用它最好的年华来陪伴自己，认为这样的投入产出比最高，但实际上可能正好相反。恰恰是你去照顾它的一生，得到的感悟和回报才是最多的。

梅：准确地说，是不愿意为狗做进一步的牺牲吧。因为人都会权衡利弊得失，比如要从农家院搬到公寓楼去了，那就面临愿不愿意为它做牺牲的问题。确实那时候更多考虑的是自己。

维：人做的每个决定，都是当下认为最明智的决定，最好的安排。但是事后来评估的话，就未见得了。因为你现在来做评估，判断好坏的参数发生了改变。

梅：对，我去加拿大之前，对养宠物和育儿的理念，简单讲就是教他们／它们做正确的事，按照你认为正确的方式去生活。那时候还不知道，对宠物的爱是一种接纳和包容，对孩子、对自己也是如此。所以我也接纳和包容了发生在我自己身上的事，这就是人生的成长过程。

2020 年我回国以后，又准备养狗，主要原因就是我想用新的方式去养狗，真正做它的陪伴者，关注它的成长，关注它的情绪变化，跟它一起起伏，而不是把它训练成百依百顺的"舔狗"。

所以我想，陪伴孩子也好，陪伴宠物也好，对我来讲也是自我陪伴，自我成长。没有他们，我自己的人格发育无法完整。这是我目前阶段所关注的问题。

现在我身边除了 11 岁的边牧，还有两条波音达，也就是 20 年前我在上海的宠物店门口，透过橱窗一眼看中的那个品种。这次我终于开始养波音达了。这种狗的运动量很大，也非常活泼，需要比较大的空间和场地，所以为了它们，我又从公寓搬回到郊外别墅里，让它们可以在院子里自由自在地奔跑。

后记

结束这篇采访，我想起了这么一句话："命运赠送的礼物，早已在暗中标好了价格。"我想这个价格不一定是金钱，也可以是时间，比如 20 年的生命。20 年前，当主人公走过宠物店，在橱窗里看到波音达，他的心思已被命运女神看破，他的心头被播下了一粒种子。女神知道，如果当时把波音达交到他手中，波音达可能所托非人，而他也无法握住这份厚礼。经过驳杂起伏的 20 年，走过驿马星动，穿越悲欢离合，当年的种子终于长成挺拔的树木。树下站着的，是一个 50 岁的熟年男子，一条长者风范的边牧，还有两条俊俏活泼的波音达。咦？怎么一条波音达变成了两条？告诉你，命运女神也会玩买一赠一。

老梅和边牧

夯土学校

任校长的儿子和雪碧在院子里

主人：任卫中，夯土学校校长
坐标：湖州市安吉县剑山村
宠物：拉布拉多犬，1岁半

维：任校长好！终于亲眼看到了这所学校。我最早是通过看纪录片知道了您的夯土学校，我还记得您在片子里说的第一句话："泥巴这材料是向地球借用的，用完了我要还给地球，它该长草长草，该长树长树。"

任：欢迎丁老师！雪碧过来，来，跟老师问好！我们先走一圈吧，我边走边介绍，然后再回这里烤火聊天。
（在院子里边走边介绍）

这两坨就是夯土的原料，加入石灰后，我用来做泥砖盖房子。平时雪碧喜欢跳到土堆上玩，特别是在夏天。泥巴是冬暖夏凉的，天气热的时候，泥巴温度低，我用铁锹铲泥土往它身上洒着玩，它就把身子埋在泥土里凉快，很享受地躺在里面，直到泥巴盖到它的脖子都不愿意出来。不过雨天它是不会上去玩的，因为知道弄脏了身体后清理起来很麻烦。

维：雪碧很懂得养生呐，既是玩耍又是泥浴，还能补充矿物质和微量元素。

任：这是我们的菜园。平时自给自足。我把菜园设计成国际象棋的格子，黑格种蔬菜，白格铺石板，这样既方便渗水，也能走近打理，脚上不会沾泥巴，小孩子和狗还能在石板上跳来跳去。

维：小孩和狗都喜欢不走寻常路，在棋盘格子上跳来跳去太开心了。

任：不过也有遭到破坏的时候。你看那边几棵菜，我们这里的大姐刚种上，就被雪碧给刨掉了。

大姐：是的，前几天雪碧不听话，我教训了它几句后去挖地种菜，它就站在旁边看着我。我说你看着我干嘛?是不是想破坏我刚种下去的东西?果然不出预料，中午我睡了会儿，起来一看，它真的把我种的菜给刨掉了，很记仇呢。

任：它能听懂我们的话。我们的谈论内容如果对它是负面的，它就会悄悄溜走；如果我跟儿子商量出去玩，它就蹦蹦跳跳，有时还挑衅地看看大姐，意思是它也有份出去玩。如果出去玩不尽兴，车开回院子里，它还会赖着不下车。

这是另一块菜地。你看，我把芦苇杆子拗成角度一致的弧形搭起来，这就是乡村美学。冬天，我们不用塑料地膜，安吉这边多的是竹子，我们就发明了一种自然降解的笋衣地膜。铺上三个月后，蔬菜长好了，它也正好烂掉。这么小一块地，一年蔬菜产量有 3000 斤，光雪里蕻就几百斤。我们的加工方式也有好几种，有腌制，有晒制，还有保鲜。

维：我特别欣赏本地供应、本地消费的理念。一方水土养一方人，这样吃最健康，最方便，也是对地球最好的爱护。

任：这是我们的鸡舍和豆腐作坊。这些鸡是真正的放养鸡，下的蛋都很好吃。有时鸡在菜地里啄菜叶，我们要去驱赶，会"喔西！喔西！"这样地叫。时间久了雪碧也会了，听到我这么叫，它也会跑过去赶鸡。我们吃剩下的饭菜，用来喂鸡鸭鹅。鸡鸭吃不了的肉骨头就喂雪碧，所以我们吃什么，雪碧就吃什么。

维：那就基本没有厨余垃圾了。在城市里，我们要进行垃圾分类，将厨余垃圾单独处理，但这里基本都自我消化了。

任：是的，因为我觉得这些都是很珍贵的东西，菜皮瓜皮可以做酵素，剩菜剩饭可以喂鸡鸭。它们的粪便又作为肥料种蔬菜。

维：我刚才看到雪碧的腮帮子鼓鼓的，咬肌特别发达，看来就是平时啃肉骨头锻炼出来的。多数城市里的狗不会这样啃骨头，所以就必须用咬胶来锻炼肌肉和牙齿。

任：因为生活方式完全不同啊。这边是粮仓，也兼做腌肉房和雪碧的卧室。这个旧席梦思垫子是给雪碧睡的，上面的两个麻袋就是它的床垫。我们农人有种忧患意识，总觉得要囤粮，所以我每年要囤好些稻谷。

维：囤那么多粮食吃得完吗？

任：吃不完可以喂鸡鸭鹅，不会浪费的。每年我们都要翻一翻陈粮，有饥荒可以拿出来吃，没饥荒就喂家禽家畜，让鸡鸭鹅吃了下蛋。那些边边角角的地块也利用起来。本来这些地杂草很多，种上植物后草就容易控制了，再加堆肥，就能种出非常高产的农作物。

维：我特别喜欢这里的共生和循环，不仅房子是低碳的泥土建筑，院子里的生活方式也形成了闭环。这样的生产生活方式非常适合中国。

任：你说得对，现在有不少国内外学员慕名来学习，回去后也建成了许多成功的样板。有个基金会正在为我出书，介绍这些建筑理念和成功经验，还是中英双语版的呢。
外面冷，我们回去烤火吧！
（回到堂屋，围坐烤火）

维：您什么时候开始养狗的？

任：前年夏天。一个在这里学过夯土的老学员把它带过来送给我，那时候它刚刚满月。我儿子随口给它取名叫雪碧。

维：我感觉这里就缺一条狗。看家护院也好，消化鸡鸭吃不了的骨头也好，有了它，循环经济的最后一个环节也补全了。

任：是的，我们在这里夯土、建房、打井、种菜、养鸡鸭、酿酒、做豆腐、编竹篾，各种食材都有，狗吃得很好。

富余的物资我们也不拿出去卖，学员来上课，就直接在这里消费掉。如果去销售还要花时间和成本，让人家上门来直接吃掉最好。

说到看家护院，我不会去装门禁、探头这些，有条狗就够了。我希望能好好利用大自然赐予的资源，真正做到低碳。比如我们的厨房，炉灶是连体的，前面和后面的灶头可以同时利用热能。我们的浴室里还有一个铁锅浴缸，这其实也不是我的发明，我们的老祖宗就曾经把热水倒在铁锅里泡澡。铁锅的保温效果很好，就算凉了，只要在灶膛里添一把火，水就又热了。

维：天呐，这是我第一次看到用来泡澡的铁锅。狗也在这里洗澡吗？

任：那倒不是。它天天把自己舔得可干净了。我们也不用外面卖的沐浴露、洗发水，自己用无患子、肥皂果、茶籽粉来做沐浴露、洗衣液。所以洗完澡后，水还可以用来浇灌植物。

维：这才是真正的环保生活。我做口译时也翻译过一些环保论坛，台上讲得情真意切，散场后，喝了几口的矿泉水瓶子扔得到处都是。

任：环保这件事是需要知行合一的。我做夯土技术，就要研究和试验怎么做泥砖、砌土墙。夯这个字就是大加力，所以我不用任何商业化的能源，只用自己的脑子和力气，用夯锤敲打、夯实泥土，做好了也不需要用火烧，直接阴干就可以用来盖房子。日后如果想拆掉房子，打碎泥砖，加些新原料，还能重新用于建筑。如果不用于建筑，就尘归尘土归土，不是比混凝土好多了？混凝土的生产过程就要消耗大量能源，拆掉了更是一堆丑陋的建筑垃圾，而且居住体验也远没有泥土房子来得冬暖夏凉，安神透气。

维：您这么一说我突然想到，这条狗虽然是拉布拉多犬，但它的精神真身
　　是中华田园犬：现身说法地展示什么是中华、什么是田园。作为一个
　　以农耕文明为传统的国家，是根本离不开农业的；而说到田园特色，
　　就必须再来点淡泊和放逐的风味，多向内求而不是向外求。

任：其实在农村不难实现生态环保，这种系统不仅不会给使用者带来麻烦，
　　还能化繁为简。比如因为不用化学洗涤品，我们的井水就很纯净，酿
　　酒、做豆腐就特别好吃，人和狗都吃得很健康。你看，它的毛色多好！
　　这里的学员都很喜欢它。我们在一起喝酒吃饭，它也经常上酒桌；我
　　们夯土时一边劳动一边跳舞，它也混在其中，而且特别喜欢围着漂亮
　　的女学员打转。

维：一边夯土一边跳舞，这个画面太美好了，感觉回到了《诗经》的时代。

后
记

　　没有狗比雪碧更有资格诠释"中华田园风"了，虽然
它是一条拉布拉多。这不仅因为它生活在夯土学校、吃着
有机剩饭，更因为它有一位活出古人风采、浪漫又能干的
主人。作为人类的伴侣，主人的生活方式深刻地影响着宠
物的生活方式。与待在城市公寓里、坐等主人下班的宠物
犬相比，雪碧能在院子里随时撒欢，跟着主人夯土跳舞，
真是一条幸运快乐的狗。这就是我今天冒着冷雨，来回驱
车三小时所收获的感悟。

烟花与星辰

大古和老曹一起登山

> 人　：老曹，户外人
> 坐标：上海市浦东新区张江镇某村，近
> 　　　迪士尼
> 狗　：长毛狼犬，7岁

（应受访者要求，本篇题头的"主人"改为
"人"，"宠物"改为"狗"，因受访者将自己与
狗定义为伙伴关系，而非主宠关系）

维：很感谢户外群的朋友把你介绍给我，听说你的狗有来头？

曹：谢谢。我的狗叫大古，我是它的第二任伙伴。它的第一任伙伴网名"独
鱼者"，她和朋友在徒步川藏线时，在一个名叫古乡的地方捡到它，
所以取名大古，并且带着它走到了拉萨。关于这段故事，可以去"8264.
com"看帖子：《走着走着就到了——从北京走到拉萨》。我在这段旅
程的起点、重庆段、终点，三次前去与她们会合并陪同徒步。

独鱼者捡到大古后就和我说，这条狗和我很搭，徒步结束后就送给我

养。我本来也喜欢狗，所以立刻就答应了。2017 年 9 月份，大古从拉萨坐飞机到成都，再从成都转机到了上海。

维：作为户外领队，你觉得养狗带来的冲突多还是助益多？

曹：如果把领队当成一份工作的话，实际上跟养狗是有冲突的，因为有时带团会连续出差好几天。但是我也会经常带它去爬山、跑步，它的运动量还是很大的。

养大古也挺省心省钱，首先它不大生病，其次我也专门咨询过，这样的犬种没必要喂太多。我一般是喂鸡骨架，十几只鸡骨架也就不到 50 块钱，可以吃一个多星期。偶尔会拉肚子，不过都不严重，它自己能痊愈。最开始我喂它吃生的鸡骨架，撕扯鸡骨架的动作也是释放狗的天性，而且对它的牙齿也好。不过现在我也开始给它吃烧熟的鸡骨架了。

维：对，现在它也步入中年了。我们人到中年也要用保温杯泡枸杞。那你平时经常带着大古做什么？

曹：我的生活分为几个部分，如果是去带团工作，我不会带大古去。因为这是服务客户的工作，我要考虑安全。但我自己去爬山、跑步、看朋友，我就会带着大古。

在我看来，大古是比较淡定的一只狗，有种随遇而安的气质。比如说疫情后我们长时间不能出去，也不能带它去爬山，它也没有表现得特别毛躁。院子里的小狗不停地去蹭它，它巍如泰山。但它和我朋友去户外时，又会冲在前面撒野，也会跑到岔口等我们，等最后一个人也到了之后，再跟着队伍一起前行。我觉得它对于自我修养还是蛮重视的，我做领队这么多年，从来没有见过一条狗在没有经过训练的情形下，能有这样的表现。

维：大古今年 7 岁了，你有没有给它去配种或绝育？

曹：都没有，大古还是一个完好的"处男"。这种状况其实是很无奈的。它现在差不多六十多斤，我们村子周边的母狗体型跟它配不上。我也不愿随随便便地给大古去配一条田园犬。我希望跟大古配种的母狗耳朵能够立起来，因为我觉得大古的耳朵非常可爱，还会转来转去，所以就不希望它去配耳朵耷拉的狗。

我也肯定不会给大古做绝育。好几个朋友都跟我打过招呼了，希望大古有了宝宝后送他们一只。

就算没有这样的邀约，作为大古的伙伴，我也绝不会给大古做绝育。我觉得这是一件特别残忍的事。

维：我了解的情况是，对于绝育有两种态度，一种觉得绝育能够延长它们的寿命，预防很多疾病；还有一种觉得不应该替它们去决定这些生杀予夺的事项。这应该反映了两种不同的价值取向吧，我觉得都有道理。

曹：反正从我内心来讲，做绝育对它太残忍了，而且我坚信大古自己绝不愿被绝育。

维：嗯。你会不会这么觉得：在生理去势的同时，精神也会被阉割掉一部分？

曹：你这样一说，我觉得就是如此。

维：对，尤其是像大古这样一个百分百的直男，阉割它更加于心不忍。从采访的角度我还想问：大古从西藏到上海的这几年里，有没有什么你想分享的高光时刻？

曹：我给你举个例子吧，上海基本没有山，我们爬山多半是去浙江。浙江的一些小村庄里很多人养狗，也有很多流浪狗，这些狗看到陌生人尤其是陌生狗过来，会围拢过来。经常就会七八条甚至十几条狗一起围过来。当这些狗围过来的时候，大古通常会很淡定地让我牵着它，跟我一起走。如果我们感觉到了威胁，只要我把大古的绳子稍微放长一点，大古就会前后左右看一看，但是它也不叫。如果狗继续围近，大古就会做出下蹲的姿势，喉咙里发出警告声，这时很多狗就会停步不前了。但如果有个别狗再往前走，大古只要稍微前扑一下，这些狗基本都会逃跑。它对主人的安全就是保护得这么好，还敢抓刺猬、蛇。

维：我虽然没有这种体验，但可以想象，这个优点对户外领队来说有多么宝贵。

曹：它的这种责任感好像是天生的，在陪第一任伙伴行走川藏线时，就为她们解决了很多麻烦。另外再给你讲个有趣的例子：我曾经让朋友装扮成坏人来欺负我，以此测试大古。但大古对这种行为就直接无视。我不知道是是不因为我朋友的动作太假了，反正它一眼就看穿了这些伎俩。它对危险的判断和反应就是这么精准。

维：我突然有个念头，如果把大古比做《三国演义》里的人物，你认为会是谁？

曹：典韦。

维：……好吧，我承认我对三国人物一点都不熟，叫得出名字的不超过五个。让我百度一下……三国人物里武艺排行第三，一吕布二张飞三典韦。臂力过人，是曹操的保镖。我懂了！你姓曹，所以你是曹操，大古是典韦。

曹：典韦有高强的本领，但决不鲁莽。如果他像关张赵马黄一样征战沙场，肯定会留下更大的名望。但是他做了曹操的保镖，如果没有典韦的保护，可能就没有曹操了。

维：我这个提问虽然挺装的，但歪打正着，你接得特别好。

曹：我不会去美化、神化人和狗之间的关系，我没想那么多，只是喜欢大古，信赖大古，享受互相陪伴的生活。时间长了，感觉我和大古的性格脾气也越来越像。

维：对，这点我也听一个同学讲过，她说在法国，80%的主人长得像他们的宠物。不是倒过来，宠物像主人。

曹：嗯，我听狗学校的教练也是这么说的。他说看一条狗的性格脾气，就能大致判断主人的样子，基本不会相差到哪去。可能别人一开始看到我，都觉得我这个人挺不好说话，又是光头，给人的感觉比较凶……

维：你是上海人吗？

曹：是。但很多上海人觉得我不像上海人，我也很少讲上海话，哪怕是跟上海人在一起我也很少讲上海话，虽然我会讲。

维：大古跟你一样，不管外表如何，本质上是条明白狗，体面狗。

曹：大古的脾气、性格、规矩都还是比较好的。当初从成都飞到上海，我去浦东机场接它的时候，笼子里面垫的尿片都是干燥的。当我把它从笼子里放出来后，它做的第一件事就是奔到旁边的绿化带去撒尿，我怀疑那泡尿尿了有一分多钟。所以就像你刚才说的，它有领队狗的自我修养，是一只体面狗。

维：如果大古知道人类字典上"宠"字的含义，它大概会觉得非常无聊；如果你要勉为其难地称它宠物，它大概会有一副生无可恋但也懒得争辩的样子。

曹：我很认同你说的这句话。有朋友也曾经给大古拍过穿西装、打领结的照片，当然也是挺好玩的，但那不是大古的本色。

维：这里离迪士尼很近是吧?我感觉大古跟迪士尼的狗那么近，又那么远。迪士尼里的狗一般都打扮得花枝招展。从距离来讲，大古和那些迪士尼狗很近；但从内心的追求来讲，它跟那些狗又很远。

曹：从我的角度来讲，我还是希望它能保留一些属于狗的野性。我和大古的关系也不是主人和宠物，我们是伙伴关系。

维：明白。所以它被叫做宠物也好，被小狗蹭也好，看到你朋友假扮坏人也好，给它穿西装打领结拍照也好，当大古做这些事的时候，它内心其实提不起精神，但它也有随和的一面，也能配合别人高兴。

曹：这就是大古。这也是我。

后记

　　在六古生活的这个村子，晚上只要抬起头，就能清楚地看到天上的两样东西：一是上海难得可见的星辰，二是迪士尼燃放的烟花。这样的地理位置本身就是一重隐喻：离红尘那么远，远到可以看见星辰；又离红尘那么近，近到可以触摸烟花。对于老曹这样的人、六古这样的狗，野生 VS 驯化，乡村 VS 都市，精神 VS 物质，形而上 VS 形而下，此间的进退、挣扎、取舍、平衡，一定是他们混不吝的皮囊下终生探问的命题。也许，在繁华都市的尽头偏安一隅，是将 VS 的两端结合得最好的生活方式。采访结束后，老曹发来三张不同颜色的烟花照片，下面附了两句话："此时此地，迪士尼的烟花正在绽放，而六古趴在我的脚边，已经入睡。"

从村子里看到的迪士尼烟花

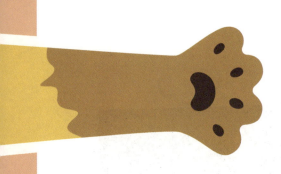

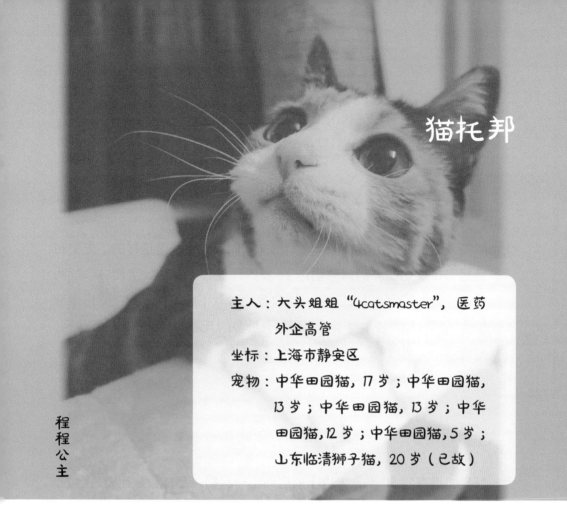

猫托邦

主人：大头姐姐"4catsmaster"，医药
　　　外企高管
坐标：上海市静安区
宠物：中华田园猫，17 岁；中华田园猫，
　　　13 岁；中华田园猫，13 岁；中华
　　　田园猫，12 岁；中华田园猫，5 岁；
　　　山东临清狮子猫，20 岁（已故）

程程公主

维：大头姐姐好！你网名"4catsmaster"（四猫主人），不过我看你给我的宠物资料，好像不止四只猫嘛！

大：取这个网名时，身边刚好有四只猫。算起来从 2000 年到现在，我救助的流浪猫累计有 50 只，我家的"主子"们其实都是退养或者有瑕疵没人领养的。

现在我身边有五只猫，分别是 2005 年 1 月出生的程程公主，2008 年 3 月出生的白大宝和白小三，2009 年 11 月出生的佩斯，还有 2016 年 6 月出生的土肥圆。它们五个都有自己的名字，我会记住它们的属相，有的时候会给它们过生日。白天上班不在家，或者有时出差，也会打开摄像头来看它们的状况。疫情后，我们的旅行和出差都大幅减少，所以就基本上天天跟他们混在一起，相安无事，岁月静好。

维：养育五只猫的工作量是不是挺大？

大：其实我不太喜欢用"养育"这个词，我们家的定位是这样的：先生和我是哥哥和姐姐，猫咪分别是 17 岁的程程公主，白大宝和白小三两兄妹，比他们小一岁的佩斯，以及救助时双下肢骨折，现在胖得像球的土肥圆。其实猫本身不需要和你有过多的互动，相对更独立，不像狗，时时刻刻需要被关注。

维：明白了。我看照片，你们家的猫看起来挺舒服惬意的，一看就是对生活很满意。而且老的已经有 17 岁、13 岁，但看起来状态都还不错。

大：其实如果有间 50 平方米以上的房间给一只猫，那样会是比较适合的，而我们家的猫比较可怜，地方不够大。从年龄上来讲，17 岁并不算非常高龄，有更高龄的猫可以活到 28 岁。只是说程程公主作为 17 岁的家猫，现在的状态还比较健康。

维：猫们都有哪些有意思的生活习惯？

大：程程是认我的，我是她的"原装充电器"，所以我下班回来第一件事就是躺平，然后让她来充电。如果我不在，她会去用她的"备用充电器"，这个是奶瓶喂大的猫的习惯。不过，"充电五分钟"之后，她就会离开我，去做自己想做的事情。

剩下两只白猫还有土肥圆，都是认着我先生"充电"。土肥圆是我在快车道上捡到的，当时它被撞得两条腿都骨折了。它看上去是邻近小区住户喂养的流浪猫，但是跑到了马路上，结果被车撞了。我先生在它住院期间就一直去探病，抱着它晒太阳，所以它就非常认这个主子。

那只奶牛猫佩斯比较癫狂，智商非常高但情绪不稳定，所以它没有任何主人，跟我和先生都不太亲近。这也是导致它最后被退养的一个原因。所以猫的生存就像人一样，情商也导致了生命过程中的坎坷起伏，以及各种机遇。

维：什么叫"充电"？我大致能猜到，但是要确认一下。

大：所谓"充电"就是猫趴在你身上，肚皮贴肚皮，亲热的表示。

维：懂了。和我想的差不多。这个比喻很妙，不充不行，充太久也没必要。猫既需要亲密，也需要独立。而且这个充电其实是双向的，人也需要猫给人充电。我想象一下这个画面，你和先生下班回到家，什么也不干就先各自躺平，然后几只猫就爬上你们的身体轮流过来充电，这个画面蛮温馨。

大：回忆起来，其实我们家养猫历史蛮久的，从外婆到老妈都有养猫，但我觉得她们养的猫有一点比较悲惨，就是按着她们的教育理念，我们家的猫是不抱的，就像我们家的孩子是不抱的一样。所以养的猫都是性格比较冷的白猫，在远远的地方淡淡看着你。

当然这也折射了育儿理念的进化。在她们那个年代，小朋友不可以抱，也不可以惯着，哭了不能够去关注，否则小朋友就会赖上你，将来不能独立生活。

现在的育儿观，主张的是陪伴、互动，要更加亲密，要共同成长，所以这个不是说对或者错，而是时代与环境带来的必然结果。现在撸猫馆这么盛行，说明人和人之间还是需要这些更亲密的互动和接触。

维：你们家的猫幸福指数很高。

大：我看到有些养猫的人家，有非常大的猫屋，有一人那么高，里面像别墅一样豪华，但是所有与猫有关的东西都只能放在笼子里，不能出现在家里其他地方。我倒并不觉得猫们住在里面会有多幸福，至少我们家的猫是不会住进这样的豪华别墅。在我们家，大多数的活动都是混杂在一起的，除了厕所是分开的，其他地方都是混用的。

维：我现在听下来，觉得你们家就像一个"猫托邦"，我姑且生造一个词：CATUTOPIA，平等快乐的气氛在这个家自由流淌。

大：喜欢这个名字。我和先生两个铲屎官就尽力提供优质的服务和食品，而猫主子们提供他们快乐的身形、慵懒的生活方式以及温暖柔软的互动，给我们以安慰，这是我们所获得的回报。我们也会关注猫的不同口味，比如它们有爱吃软的，有爱吃硬的，有爱吃鸡的，有爱吃鱼的，有不吃人吃的东西的，也有爱吃大闸蟹的，所以各个猫的口味都不太一样，看着他们吃饭，会觉得是一出非常精彩的小小舞台剧。

维：这也对啊，就像罗素说过，参差多态乃是幸福本源。

大：养猫还有一个重要意义，就是你可以观察和关照一只猫的整个生命历程。我们去年送走了我妈养的一只老猫，20岁的山东临清狮子猫。最后一个星期，是送到我这边帮她度过的。

维：说到这个，这也是我在采访中每次都要问的——如何去应对宠物寿命短于人类寿命的问题？

大：说实话，这最后一程是所有饲主都需要过的关卡。我在宠物医院送走过三次安乐的，在家送走过四个。我感觉和人一样，最好是能够寿终正寝。这是人类不希望真实遭遇的一种人生体验，但是猫让我有机会去预演，多次练习，持续修正行为。

维：你妈妈为什么把猫送到你这里，让它度过最后的时间？

大：老妈的猫是只安静的长者猫，有风度，有态度，有原则。通常都是在飘窗上晒太阳，远远看着。可以和它玩追扑跑酷，但时间不能太长，否则猫老人家会转身就走。

因为老妈是医务工作者，看到猫生病，她绝对不会放任不管，肯定要积极诊断治疗，这些干预对老猫就会比较痛苦。20岁后，猫大人的神气、食量、毛色都快速衰退。对老妈来说也是心理煎熬，所以商量后就送来我们家里。

我给它安全安静的空间，让它独立吃喝。我空了就陪它坐着，轻轻播放诵经，和它说以后有机会再见。练习真实灵魂的临终关怀其实很辛苦，过程中可以清晰看到情绪起伏，还有情绪背后的原因。

维：播放什么经？

大：《金刚经》和《地藏经》。衰弱的老猫基本是睡在窝里，一天都不动，但猫的听力非常好，熟人开门时它能转动下耳朵，和它说话，偶尔会对你眨一下眼。通常猫是不会和人对视的，如果它愿意看你而且回应你的眼神眨下眼，代表它给你一个吻。

维：你刚才有一句话触动了我，"有机会再见"——即便到了这个时刻，依然没有把话说满，说成"一定会再见"，而是留有余地。乍一听会觉得有点冷漠，没有最后的浓烈，但是再想一想，这种松弛、放下，才是和死亡的气质一脉相承的。

大：是的。老猫的最后一程，基本是清空自己的肠胃，像蜡烛小火苗一点点暗下去。在最终的路程上，她会停止进食，喝一点水，保持自己的风度。再后面，就不吃不喝。生命临终会感觉四大分离，所以我们不做太多动作，盖太多、饲喂太多、吵杂声太多，都是违和的。轻柔的说话和陪伴，轻轻地播放诵经，会比较有效。她临走的表情很安详。

后记

这不是一次容易的采访，不仅仅因为话题涉及临终关怀，更是因为在大头姐姐面前，我感到自己对人宠关系的领悟过于单薄。有好几次，因为彼此经历与思考的差距，我没能轻松领会她的意思，还抛出了许多傻气、俗气甚至狎昵的问题，而大头姐姐的言语风格也让人感觉有一丝丝高冷。直到我在电脑前打开采访记录，静下心梳理和消化，才一点一点读懂她的坚韧与深情。我想她并非有意藏起这份感情，而是在救助 50 只流浪猫的 20 年间，经历过"寻寻觅觅，冷冷清清，凄凄惨惨戚戚"，迎来过"守得云开见月明"，也目送过"死如秋叶之静美"，才凝结成这份平淡的绚烂。聪明的读者看懂了吗？如果懂了，请和猫一样眨眨眼。

五只猫躺在电热毯上

万物皆有裂痕

贝贝出生不久的孩子们，有一只刚刚睁开眼睛，

主人：路嘉，居士、首饰工匠
坐标：杭州市拱墅区
宠物：比熊，10 岁；小比熊，6 岁

维：路嘉你好，谢谢你接受我的采访。

路：谢谢你，是我高兴才对，有机会说说我家贝贝的故事。贝贝是只比熊，
两个月大的时候被我接回来养。那时候它还特别小，我每天给它装在
篮子里，开车带去上班，走到哪里都带着它。这只小狗和我几乎没有
分开过，除了睡觉，基本都在我视线范围内，所以后面发生的事情，
才会让我特别抓狂。

维：是什么事呀？

路：2016 年杭州开 G20 峰会记得吗？政府给市民放了几天假，我就和家人一起去日本旅行。贝贝就只能托养在宠物店里。从日本回来那天，我去宠物店接贝贝，突然发现它有点不一样。我走到哪里，它都死死地看着我，简直一步都不能离开。我也不知道是什么情况。过了几天，我和我先生说："贝贝怀孕了吧？" 说出这句话的时候，我自己都吓了一跳。

维：你自己有小孩吗？怎么看出来它怀孕了？

路：我自己没有生育过，所以这句话冲口而出的时候，我自己都懵了。我先生当时还骂了我一句，说我脑子坏了，整天瞎想。那我也就没再说什么。因为确实我也不懂得看狗怀孕是什么样子，只是突然有这个想法。过了两个月，贝贝的肚子真的大了起来，我们带它去宠物医院做检查，果然怀孕了。

维：你这都赶上古代神医了，用根丝线缚在孕妇腕子上就能诊断怀孕。

路：唉，我当时特别生气，立马冲到托管贝贝的宠物店去质问，要求调监控。看了录像才知道，贝贝是跟一只小泰迪在一起了。我当时傻了，不知道该怎么办，因为配种这件事根本就不在我们的日程表里。

维：要这么想，总算不是跟大型犬在一起，和泰迪的体型还算是配的吧？

路：嗯，这点确实，不过总归很忐忑。一直到它生产的日子，我每一天都在担心会不会难产，就这么一直担心到了临盆的日子。那天我加班，回家已经 11 点了，它见我回到家，就一直一直看着我，然后走到它的房间门口站着，示意我一起进去，我就陪进去了。

维：生的过程顺利吗？

路：真的开始生了，我好紧张啊！你想我自己又没生过孩子，哪有这种经验呢！这时都已经半夜了，只能把我妈妈喊起来，我们两个一起陪产。我妈妈也吓坏了！不过菩萨保佑，还算顺利，第一只下来了，然后第二只，第三只，生到第四只的时候，它实在是一点儿气力都没有了。当时去产检，宠物医生说贝贝怀了四只小狗，所以这最后一只得生下来呀！我泡了温热的羊奶粉给它喝，但它还是虚弱得很，表情也很痛苦。这时我也顾不上了，戴上一只丁腈手套，把手伸进它肚子里，就这么摸到小狗，给拽了出来。妈呀！血淋淋的，我妈妈在旁边都快昏倒了。

维：你真是临危不惧，给你点赞！

路：我是急死了啊，我真怕它难产死了。所以不管了，先拖出来再说，不然贝贝一点儿力气都没有了。好了，生完四只，我想大功告成啦，就准备去给她搞点吃的。没想到我才刚走开，它又开始哼哼了。我蹲下一看，阿弥陀佛！又在生了。结果，它一共生了六只小狗。贝贝是非常爱干净的，生完六只后，还拖着自己疲惫的身体去阳台的卫生间拉粑粑。

维：这时候她虽然身体极度虚脱，但心里是解放的，知道已经全部生完了，所以能去料理后面的事。可能她去卫生间也是去排恶露，人类生完孩子就有这个过程。

路：哦，你这么分析应该也对。反正那天把我妈妈彻底给震住了。她说你自己都没生过孩子，还敢接生，她表示非常佩服。

维：我也很佩服。生下来以后怎么样？

路：六只小狗，最后死了一只。生第四只时拖的时间太久了，所以第五只大概就憋死了。贝贝非常厉害，很自然地就会做妈妈，而且是非常称职的妈妈，会把小东西聚拢到一起喂奶，真是好棒。不过这还不是让我最震撼的时刻。

小狗生下来第 14 天的时候，慢慢地张开了眼睛，那一天我真的是体会到了幸福。

维：为什么感到幸福的是这样一个场景呢？

路：小狗刚生下来时都是盲的，到了第 14 天，小狗突然张开了眼睛，眼珠跟着你的手指转动了起来，哇！你会发现，幸福原来是这样的。

维：为什么睁开眼睛会有这样的幸福感？我好像不能完全体会⋯⋯

路：眼睛是有光的，你明白吗？小眼睛有光芒。

维：噢，我明白了！*There is a crack in everything, that's how the light gets in.* 莱昂纳德·科恩有首歌，里面有这样一句歌词，翻译过来的意思就是：万物皆有裂痕，光才得以破门。我懂你的意思了！小狗睁开眼缝儿，光进入了它的眼睛，又反射给了你。

路：阿弥陀佛，原来我的幸福还这么有诗意啊。不过，接下来我的活可没那么诗意了，基本以端屎端尿为主，哈哈哈。

维：你这手艺也太多了吧?刚无师自通做了接生婆，又马上干起了月嫂。

路：五只小狗就这么满月了。说起来小奶狗不能洗澡，我不管，满月之后我就给它们每天洗澡，吹干。因为不洗的话实在太太太臭了。

那时候是冬天，我怕它们冷，就一直开着地暖。每天回家的时候，小狗冲出围栏一起往前冲，踩着大便冲出来迎接我，把大便糊到我身上。真的是臭死了。那房间里热气腾腾、臭气熏天，就和猪圈一模一样。所以我就只能每天都洗，然后把垫子都换掉。虽然洗得我的腰都要断了，但是也特别的幸福。

维：真爱就是这样的，不是在洗香香之后，过来抱抱叫真爱，而是得干这些脏活，"一把屎一把尿"在这里不是修辞，是真正的字面意义。话说宠物店后来有联系吗?

路：他们一开始不承认，但是我很清楚这个意外一定是在宠物店发生的，因为贝贝其他时间都没离开过我嘛!而且"猫三狗四"，从生产的日子倒推一下就知道，的确是我们去日本的那几天。后来他们承认了，说是有一天本来要去遛狗，后来下雨了，关进笼子时出了点差错，把贝贝和那只公泰迪关在一起了，但是他们后来其实发现问题了，就把贝贝又单独关笼子，可人家已经"金风玉露一相逢，便胜却人间无数"了。贝贝生产后，他们买了礼物上门赔礼道歉，我想想贝贝母子基本平安，也就原谅他们了。

维：我好喜欢这个故事的结局。万物皆有裂痕，这个裂痕可以是缝隙，也可以是瑕疵、疏忽。宠物店的店员因为疏忽大意，导致贝贝意外怀孕，虽然不是计划内的，但客观上也给了贝贝一个做妈妈的机会。店员从不承认到承认，这个转变折射出"诚实之光"；你从生气到原谅，这是

"宽容之光"；贝贝一举生了六胎，是妥妥的英雄妈妈，有"母性之光"；小狗睁开眼睛缝儿，那一道光是回报给你的"幸福之光"。

路：善哉善哉，你太有才了。

后记

路嘉身上有一种强大的亲和力，和她说话很放松很愉悦，难怪猫和狗都那么喜欢与她亲近。她提供的照片里的猫狗，不管是调皮的模样还是安静的状态，眼神里都饱含着安心与满足。她的故事也和她的人一样温暖喜悦，虽然是以懊恼的事故开场，却发展出低开高走的格局，并最终皆大欢喜地收场。是巧合吗？我认为不是呢。

路嘉的两只比熊

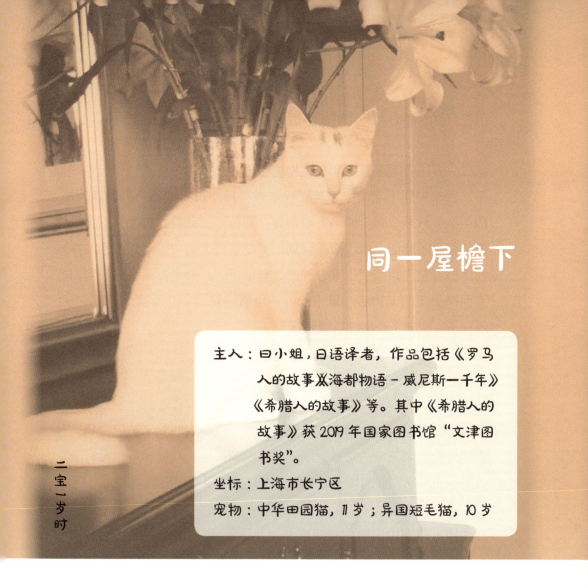

同一屋檐下

主人：日小姐，日语译者，作品包括《罗马
人的故事》《海都物语－威尼斯一千年》
《希腊人的故事》等。其中《希腊人的
故事》获 2019 年国家图书馆"文津图
书奖"。
坐标：上海市长宁区
宠物：中华田园猫，11 岁；异国短毛猫，10 岁

二宝一岁时

维：大翻译家，首先送上迟到的祝贺，恭喜你拿到"文津图书奖"。

日：谢谢，惭愧惭愧。千万别叫"家"，担当不起。

维：好，那言归正传，你是什么时候开始养宠物的?

日：11 年前，我收养了一只流浪猫，是"中华田园猫"。它从小就很淡定，
带着一股仙气。这样说多少有点上海人讲的"瘌痢头儿子自家好"，

可见过这只猫的人，几乎都不相信它是流浪猫出身。

第二只异国短毛猫是次年在宠物店邂逅的，因为一见钟情到迈不开步子，后来只能带它回家。其实我本来打算，如果再养一只就养公猫，因为第一只是母猫，做绝育时需要打开肚子，动静比较大，而公猫绝育只相当于微创，所以想养公猫。可是偏偏又看中了一只母猫。在宠物店抱着它，纠结了十来分钟，还是拿下了。那是在天平路转弯到淮海西路街角的宠物店，真正的"转角遇到爱"。如今这家宠物店已经不在了，变成了一间潮牌服装店。

维：真是沧海桑田。你的两只猫都叫什么名字，你觉得猫如其名吗？

日：中华田园猫叫二宝，因为我领养它之前，救助人助养了三只白猫，分别叫大宝二宝三宝，它是老二，所以就叫二宝。我领养后也没有给它改名，想着它已经习惯了原先的名字，就延用下去吧。

异国短毛猫在中国通常被叫成"加菲猫"，那就顺势取名"加多宝"，因为都姓加嘛，又是家里多了的宝贝。刚好又和当时很流行的凉茶同名，有点搞笑，不过这名字和它的一张扁脸倒是蛮吻合的。

维：两只猫相处得好吗？

日：坦白讲，我带加多宝回家是一时冲动，也没想过家里的二宝会有什么反应，只是一厢情愿地认为给它带个小伙伴回来，它应该挺开心的。但事实并非我想象的那么美好。二宝一直不喜欢加多宝。加多宝刚来的时候挺可怜的，一直要东躲西藏，不敢动弹。虽然二宝也不打它，也不"哈"它，但是那种冷暴力的气氛始终充满了整个家，连我都感觉背脊发凉。

大概过了三四个月，二宝也知道这家伙肯定是不会再走了，那也就忍了下来。话说经过了十年，在同一个屋檐下生活，它们仍然不够友好，几乎都是各归各。当然，主要是二宝对这个傻妹妹一直不屑，所以它们永远是各占一个角落。我们在其他地方看到的那种相亲相爱的小猫们搂在一起的景象，在我家从来没有见到过。

维：我觉得比较有意思的一点，就是二宝看起来很高贵，实际上却是流浪猫；加多宝看起来挺平民，实际上出身却不低，这种反差本身也挺值得玩味。这是否也是造成两只猫不和的原因？或者是说，二宝看到加多宝会有心结，引起它的身世之感：你虽然看起来不好看，却出身高贵；而我呢，虽然花容月貌，天生丽质，却投胎为流浪猫，有这样的心结在。

曰：哎，你说得真到位，这也是我一直觉得非常不可思议的地方。一只白雪公主猫，其实出身低微，但是那只看上去丑丑呆呆的猫，却有所谓的优良血统。这点特别有趣。不过你仔细想想，加多宝因为是人工繁殖，智商本来就低些。

其实反观人类的历史，有些贵族为了江山或财富近亲联姻，结果就是后代并非都那么英俊帅气，甚至没有出身低微的人来得聪明。可二宝是真真正正的野生动物，虽然出生没有多久就被人收养变成了宠物，但它血液里还是有动物野性的成分，这份警惕它始终没有消除。

其实它不仅是对加多宝如此，它和我也没有那么亲热，只是知道我是它的同居人，是它的饭票，有需要的时候会来找我，在不需要我的时候，它和我会保持一定距离，并不是那么亲密。又或者也有同性相斥的因素，如果我带来的是一只小公猫，它可能会亲热一点。当然了，这些也不过是我们人类的猜想而已。

维：有没有带两只猫去做绝育或配种？

日：接二宝回家时，救助人就提醒我，一旦发情立即绝育。轮到加多宝发情时，我就一厢情愿地想：二宝已经没有可能了，要不要让加多宝做一次妈妈呢？但我也不知道如何配种，这时刚好有个朋友也想让她家的英国蓝猫当一次爹，我觉得朋友一家人都特别好，交给她应该不错，于是就"包办婚姻"，选定了日子，把加多宝送到朋友家，去做新娘子。但是加多宝到了"婆家"非常紧张，尽管公猫很热情地找它亲热，它却一直躲，而且竟然反应激烈到跑到主人家的床上去拉屎拉尿，害得朋友家里半夜三更起来换床单，这是它在我们家时从来没有发生过的事情。我听了以后，一方面对人家感到很抱歉，另一方面呢，就是觉得它真是非常非常地不开心，那我想算了吧，放弃这件事儿。

按理说，猫是很容易怀孕的，不然天下也没有那么多流浪猫。但是事实就是这么不可思议，发情的加多宝在人家家里待了十天，硬是没有怀孕。看来不仅是人，动物也一样，不情愿的事情就是不会去做。

维：问个比较直接的问题：你的猫已经 11 岁和 10 岁了，有没有想过宠物寿命短于人类寿命的问题？

日：没有，不敢直面惨淡。现在猫猫们每次生一点病，我都心力交瘁，所以如果是到了那一天，会变成怎样？我不去想，不敢想，也不想去想。到了那一天……再说吧，总有告别的一天。我不会把这个场景想象得有多么悲壮，或者有多么平静，因为没有到这一天，我不知道会发生什么事情。另外，猫也好，人也好，并不都是可以幸运地在睡眠中安静地走，大多数情况下要受到病痛的折磨，挣扎很久以后才离去。这一段过程会怎么样，我没法想象，也不愿意想象。其实相较于"如何说再见"这个终极问题，我更愿意谈养育过程中容易被忽视的问题，给准备养猫的朋友一点温馨提示。

养猫会带给你快乐和温情，也会带来烦恼和困惑。比如猫爪会乱抓，家里的家具，尤其是布艺沙发，基本上都难逃魔爪。这个事情是没有办法回避的，既然养了猫，就要做好这个心理准备，而不要看见它们乱抓就抓狂。

另外就是生病，动物生病了也没办法开口叙述，这点就和小婴儿一样，所以找到好的宠物医生非常重要。另外宠物的治疗费用也不低，这个也要做好准备。我知道有些人弃养猫狗，就是因为无法承担医药费。

所以我想提醒准备养宠物的人，养猫养狗在某种程度上和养孩子差不多，都是在养育生命。在做了这个决定之后，就不能"始乱终弃"，弃养这件事，在我看来是不能原谅的。

维：你真是我理解的典型的海派作风：轻易不承诺，承诺了就坚决兑现。以后养宠物是不是也应该像婚礼那样来一个宣誓："从今天开始，不论是顺境还是逆境，富有还是贫穷，健康还是疾病，快乐还是忧愁，都将永远爱你，珍惜你，直到永远……"

日：是的，无论健康还是疾病，我都答应陪伴你，照顾你，直到生命尽头。我最喜欢的一句话，就是迪斯尼电影《加菲猫》里，加菲猫对它主人说的：Love me, feed me, and never leave me.

后记

  不知道是不是受日本文化影响，日小姐的故事让我想起小津安二郎、是枝裕和的电影。她用一副女中音烟嗓，平平淡淡地叙述，没有任何狗血和煽情，也不回避琐碎与无奈。猫和人、猫和猫，在这场名为"生活"的疫情中，被无法言说的宿命安排为时空伴随者，共同开启了十数年的居家隔离模式。很难用简单的形容词来描述这种关系以及背后的情感纠缠，只隐隐感觉到，岁月磨成的包浆，终将温柔地流淌开来，包裹住这个屋檐。

加多宝和日小姐的译作

和光同尘

糯米的圣诞装扮

主人：王先生，旅游行业资深从业者
坐标：杭州市西湖区
宠物：中华田园犬，4岁（已故）；
英国短毛猫，10岁

维：王先生你好，谢谢你接受采访。你是什么时候开始养宠物的？

王：我养宠物分两个阶段：童年时期和成家以后。我是70年代初生人，童年时住在杭州半山。那里属于城乡接合部，地方比较开阔，居民们放养了很多小动物。

维：那个时候是不是也没有"宠物"这个概念？

王：对，我养过狗、猫、刺猬、豚鼠，还有用来生蛋吃肉的鸡和鸭。那时候没有真正意义上的宠物，只有小动物。我养的狗、猫、刺猬、豚鼠，从来没有一个善终过，这是我的遗憾，也让我在成年后对养宠物产生了抵触心理。刺猬是病死的，豚鼠是饿死的——寒假我去爷爷奶奶家，把豚鼠托给邻居照顾，结果邻居哥哥忘了喂，豚鼠就挂了。小猫有的被叼走了，有的出去打架失败就不回来了。还有一件事，我不知道该不该说。

维：说来听听。

王：我们家养过一条狗，名字叫小花，是我爸爸花三块钱从菜场里买来的。我们把它养到 4 岁，最后死在我们手上。那个年代曾经有过一场禁止养狗的运动，邻居们的狗接二连三地挂了，小花似乎也知道自己时日无多，平时很爱出去玩，那几天就噙着泪水在家里躲着。但是最后，还是我们亲手把它送交了"打狗队"，因为它只相信我和我妹妹。我们就哄着它出门，其实就是……

维：这件事对你的童年而言是个心理阴影吧？

王：现在想起来当然是心理阴影，觉得自己那个时候很残忍。但是不瞒你说，小狗死后，在那个物质匮乏的年代，我甚至还吃掉了它。连它的皮都没有被浪费，送到皮毛店里卖了钱，我记得很清楚：一块九毛二。我爸为了纪念，留了一段它的皮，消毒之后给我的棉衣做了一圈毛领子。以现在的价值观来看，我们简直太没人性了。但是当小狗的毛领子围住我脖子，我又莫名地觉得它还跟我在一起。

维：你爸的这个举动很意味深长啊。浪漫地看，这个举动让小花留在了你

身边；经济地看，小花的每一根毛都没有被浪费。

王：是，物质匮乏的年代，事情就是这样。大部分卖掉了，换回一块九毛二，剩下一截给我做了毛领子。其实我们家对小花最有感情的是我妈，当她看到小花的尸体被带回家，放在门外的水槽里，她哭了很长时间。但是在那个年代也没有办法，她一边抹眼泪，一边把小花给炖了。

维：那你吃了吗？

王：当然。我那时候啃着小花的肉，一方面觉得它很可怜，另一方面觉得把它埋藏在肚子里也是最好的纪念。说到这里，很多养宠物的人会说我不是人，或者我这篇采访入选不了你的书，因为和现在的价值观太格格不入。

维：这是特定年代的真实故事。对于自己的宠物，一方面你和它有情感纠缠，但另一方面你也有口腹之欲，你的身体也很需要蛋白质，所以就在身心极度矛盾的情况下去做了这件似乎很荒谬的事，但在当时的情况下这也并非特例。

王：所以到现在为止，我没再养过狗，也许就是因为那次经历对我的刺激太大了。

维：那现在养猫了？

王：对，我家现在的猫是 2014 年开始养的，它是 2012 年出生的英短，就是耳朵比较短的那种猫。养了那么多年，我现在看到长耳朵的猫都有点不习惯。这只猫是堂妹转赠给我们的，名字叫糯米。其实当初领养这只猫时，我是反对的。

维：你不是只是不再养狗吗？为什么养猫也反对？

王：随着生活条件的转好，我也不再是那种"茹毛饮血"、连宠物都吃的人了。我觉得养宠物是要负责任的，而且也确实怕麻烦。猫狗毕竟是个生命，养了就不能抛弃，但我又怕自己做不到从一而终地爱护它。我老婆、女儿是趁我去美国出差时把猫抱回来的。

我还记得第一次跟它见面的场景：拖着沉重的行李箱走到门口，我老婆打开门，抱着猫说：爸爸回来了。其实我认识糯米，因为以前在堂妹家看到过，也知道老婆女儿想把它弄回来，也反对过，但也知道这种反对最后是无效的。所以我张开了双臂欢迎糯米，但它却一把在我手臂上抓了一条长长的血痕，这道疤今天都还在。

维：之后你们相处得怎么样？

王：还可以，当然刚开始也要做规矩，不过给猫做规矩很容易，我感觉猫是一种很识趣、很拎得清的动物。比如在我们家，我们夫妻的床、女儿的床，它可以随意跳上跳下，但是我岳母的床它永远不敢跳上去，因为刚来时它想跳上我岳母的床，被她呵斥过，这就是中国古文中所说的：教儿婴孩，教妇初来。

猫毛会四处乱飞，脏了也得洗澡，起初我们会带它出去洗澡、剃毛，但它总是哇哇乱叫，只要一出门就很害怕。每次到宠物店洗澡剃毛，回家总会郁闷三五天才能缓过来。不知道是因为身上的毛被剃光了，还是第一次的出门经历给它带来了惊吓。后来随着它长大，这种情况不减反增，我们就学着自己动手给它洗澡剃毛，省得它心脏受到刺激，尤其是 2018 年它得了心脏病，后来我们就没有再带它出门了。

维：心脏病是怎么发现的？

王：2018 年，它 6 岁，也算是猫到中年。宠物店的人说，它相当于人类的 45 岁。那年我刚好也是 45 岁。我们长着长着，终于长成了同龄人。猫经常舔自己身上的毛，这些毛舔进胃里后很难消化，我们就会经常给它吃化毛膏。吃了之后，可能那段时间它的消化功能不太好，或者是化毛膏没有起到应有的作用，它就吐得比较厉害，半夜里会发出可怕的"嘎嘎嘎"呕吐声，这种声音都不像是动物发出来的，而好比是"木牛流马"那种机械的声音，"咔咔咔咔"。我们很害怕，就送到文晖大桥东的猫科医院去给它看病，做了全身体检。那时候我才知道宠物产业这么发达了，会把猫胳膊上面的毛剪掉后抽血、给猫做 B 超等。

维：你现在对糯米这么关心和照顾，回想起三四十年之前小花的故事，是不是有种沧海桑田、恍若隔世的感觉？

王：没有。我只觉得此一时彼一时。我甚至认为，我对小花的感情肯定比糯米要深。小花对我很忠诚，而糯米只是个陪伴。当然我没有任何贬义，它也给我们带来很多快乐。

维：如果我们从表面来看，你把小花移交给打狗队，把狗肉吃了，再用毛皮做了衣服领子，剩下的皮毛去店里换了一块九毛二，听起来是个非常残酷的故事。现在对糯米悉心照顾，给它洗澡剃毛，不舒服就带去宠物医院，是你在从儿童到中年的成长过程中变得越来越有爱心吗？或许并不是？就像你刚才说的，不过就是此一时彼一时。

王：如果一定要从感情上来衡量，小花对我的童年和人生的影响会更大。糯米是我们的陪伴，每年圣诞，我们都会和糯米拍全家福，我扮成圣诞老人。这个合影我们已经坚持了好多年。

维：仓廪实而知礼节，糯米把你内心原有的善意释放出来了。

王：仓廪实而知礼节，这点我非常认同。因为在古时候——天哪，我居然说了"古时候"，因为我感觉好像已经过去了很久——那时候每家每户都是把皮毛卖掉、把肉吃掉，因为那个年代生活物资都需凭票供应，如果狗已经死了，还特意去埋葬它而不是吃掉，那个年代没有人会这样做。

维：从几岁、十几岁到近五十岁，你其实没有太大变化，只不过不同的时代背景，把心性中的不同方面给压榨或释放了出来。在贫穷而狂热的年代，吃狗并不违背公序良俗，放到今天来看，有些人就会觉得不可接受。

王：你说得很深奥，但我大致明白你在说什么。确实，在那个年代，灵魂和肉体，精神和物质只能分开来照顾。

现在物质充沛了，才能在某种程度上，把物质和精神结合在一起处理。所以现在不会发生把宠物吃掉这种事情，因为物资非常充沛，你不需要去干这种事情，如果干了也会被现在的公序良俗否定。但在那个时候或者战争年代，比如长征的时候，据说有红军为了伤病的战友，把救过自己性命的马都给杀了。

我还有一点要补充：人类永远在食物链的最高端。有很多朋友把自己和宠物的爱描绘得非常感人，但我觉得也不必过度解读，或者上升到特别高的高度，因为宠物本来就是人类的需求从物质上升到精神的过程中产生的，这个我们不能否定。

我把我的狗吃了，并不代表我不爱它，如果不是因为打狗队的原因，我这一辈子都不会送它去死。但是在那个物资匮乏的年代，当它的生命已经幻灭，我真没见过左邻右舍把狗埋掉的，大家都选择了用改善伙食的方式告慰它们的在天之灵。

维：所以宠物主人也不要因为自己爱宠物，就把自己放在更高的道德层面，去鄙视其他人的行为，是这样吗？

王：我不敢这样去指责别人，我希望别人也不要从道德层面去绑架他人。当然像虐猫这种是要谴责，无缘无故去残害生命。

现在我的最大愿望就是陪糯米慢慢变老，因为刚才也说了，从童年到现在，在我手上善终的宠物还没有。要么失踪，要么被转送，甚至是被我埋葬在肚子里。所以我希望这次能善始善终，陪伴它到生命的尽头，这样也算对我养了那么多宠物的交代。

维：放下屠刀，立地成佛。

王：这话说的，好像宠物来我家，我的最终目的就是吃掉它，不是这样的。本来我是反对家里养宠物的，小时候已经养够了，而且宠物在我手上也没什么好下场，最后都是挂掉或者失踪。其次我觉得养起来很麻烦。但是既然来了，我就要负责到底。

现在生活条件好了，社会进步了，宠物的生存环境也安全了。但这种安全不是我营造的，条件好也不是我成就的，而是因为生产力的发展，让社会环境变好了。它有现在的幸福生活，不光是因为我，是社会给了我们机会，让我们可以互相陪伴，慢慢变老。

2020

2018

2016

2015

2014

糯米的历年圣诞照

谁救助谁

王子陪大女儿学习《解剖生理学》

主人：敏怡，家庭主妇、三个学童的妈妈

坐标：美国西雅图

宠物：柴田犬，1岁半

维：敏怡新年好！谢谢你接受采访。养宠物多久了？

敏：新年好！我从小就蛮喜欢小动物，但那个时候不叫宠物。家里为了捉老鼠一直都有养猫，所以我从小到大都有猫的陪伴。

至于现在养的宠物，其实是为了孩子。我家三个孩子一直想养宠物，但至于养猫还是狗，他们一直没办法达成一致。

这几年情况也比较复杂，我们在各地搬来搬去，操心三个学童已经很耗精力，所以更不考虑养宠物这件事了。

但是 2020 年初疫情来了，孩子们不能去学校上学，困在家里到了极限，各种心理问题都出来了。在这种情形下我松口了，说如果找到合适的宠物，就养一只吧。

我们这里把这种宠物叫 COVID pet（"新冠"宠物）。

维：所以 COVID pet 这个词语、这个类别是在疫情后出现的新生事物。

敏：是的。美国有很多宠物收容站，收养流浪狗流浪猫，原先我想就去收容站领养，可是去了才知道，疫情期间申请领养的人太多了，我们根本就排不上。因为我们这种算是宠物白丁，没有亲自养过，收容站就不予考虑。之后我女儿找到一个卖宠物的网站，看中了上面的一只小柴犬。我一看也挺合眼缘，它是中小型犬，样子也比较活泼，可以跟我去爬山，平时也能照看门户。这只柴犬当时不在美国，它是 2020 年 6 月 18 号出生在台湾地区的一条狗。我们在网上看了它的视频，决定买下后，当年 9 月 4 号，它就坐了十几个小时飞机，到了西雅图机场，然后我们去机场把它领回了家。

维：我听说有那种"飞行志愿者"，可以委托他们陪伴宠物跨越山海，投奔主人。

敏：我家的小狗来美国是没有陪同的，它到的时候待在一个小小的猫笼里，看见人就很怕，头也一直在摇晃。想想也挺不容易，才两个月大就离开狗爸爸狗妈妈，漂洋过海来到美国。

维：那个时候疫情已经延续大半年了，孩子们已经上了很久的网课了吧？

敏：西雅图这边是从 2020 年 3 月开始关闭学校，刚开始关了一两个星期，之后就都改成了网课。

最初的一两个月，小朋友还比较积极，到了上体育课的时间，老师要求出去跑步运动，他们也会出门绕着房子跑步。街上也有很多邻居的孩子跑步运动。但是慢慢地这种约束力越来越弱，他们就宅在家里不出去了，当时的舆情也让大家有点恐慌。

维：我记得那时候看新闻，大家都在 COSTCO 抢购厕纸。

敏：那段时间，大家都在囤食品、卷纸、急救用品，新闻里货架空空的画面，我们都亲身经历过。有段时间连口罩都没有，好多物资都需要从中国寄过来。小朋友也就尽量不出门。但室外活动减少的同时，他们的室内活动也减少了。从在书房坐姿端正地上网课，到躲进卧室，到躲上床，最后就整天赖在床上，除了吃饭都不下来活动。但是不要说孩子，大人其实也好不了多少，也都很宅，算是社会普遍现象吧。

人宅到很孤独的程度，还是有自救意识的，所以好多人去领养宠物。收容站的猫狗库存去得飞快，宠物店的本地库存也告急。以前华人社区里，好像只有五分之一的人养宠物，但是疫情后我感觉起码有一半家庭养了宠物。

维：刚才你说到上网课导致的种种问题，我在国内也感同身受。疫情后去医院配眼镜的小孩特别多，大部分是网课导致的近视。还有一些从国外回来的学生，每天半夜在家上网课，晨昏颠倒，和家人都打不上照面，敏：是的，所以有了小狗的陪伴，我感觉帮助还是很大的。小狗刚来时很需要照顾，还会到处拉屎撒尿，这种时候孩子们就从卧室里出来了，帮忙去照顾它。父母和老师动员不了他们，小狗却可以让他们动起来。

另外，西雅图这边有很多父母从事 IT 工作的家庭，疫情后所有"码农"几乎都是在家办公。这些人本来就不太会跟人打交道，平时去公司上班还能保持基本的社交量，疫情后在家时间久了，他们的各种心理问题也出来了，这也造成家庭冲突加剧，时不时我就会听到家暴的消息。但是养狗的人家，至少还能每天出门遛遛狗，保证一定的运动量，也分泌了多巴胺。

维：嗯，宠物的疗愈作用，疫情后被越来越多人知晓。

敏：还有一点，疫情刚开始时，美国还发生了一系列打砸抢事件。有好多家庭因为担心，都去买了枪。我个人是非常反对买枪的，所以养这条小狗也是出于安保考虑。有数据表明，如果家里养狗，被偷盗的概率就会降低很多，所以说狗还真能起到看家护院的作用，让我心里安稳一点。当时决定养狗的时候，我就说要养一条像狗的狗，而柴犬也确实野性很强。

除了人为破坏之外，野生动物的入侵也不得不防范。我家这里虽说是居民区，可是跟上海杭州这种城市完全不一样，周围空地很多，后面还有一大片林子，野生动物还是蛮多的。不要说小鹿、小兔这些常见的，冬季时连草狼、熊都有。所以作为三个孩子的妈妈，这条柴犬给了我很多安慰。

维：一定是大家都意识到了这些益处，宠物的销路才会这么好。

敏：嗯。我们家这条小狗也蛮乖的，可以坐在你旁边看着你干活儿，这种陪伴不是人能给予的。

大女儿上网课的时候，小狗就在她脚旁边待着看她上课，有时候也会捣乱一下，但绝大多数时候都是乖乖待在旁边。

至于我呢，我可以带着小狗去爬山、徒步，顺便拍拍沿途的风景和花草，对我来说也是很好的解压。它是很好的徒步小伙伴呐。

维：我刚才想到，疫情后养宠物的家庭数量增长那么多，那宠物用品的供应跟得上吗？

敏：这些还好，我们都是在网上买狗粮，定期送货。但是宠物医院生意好得不得了。我们刚刚把狗领回来时，去预约看宠物医生，很快就能约到，后面再预约就要等一个星期以上才能约到。

另外，宠物培训机构生意也爆好，因为很多人都是第一次养猫养狗，没什么经验，很需要带宠物去接受训练。培训中心经常要排两三个月才能排到。还有遛狗的生意也不错。

美国的宠物配套服务体系还是挺完善的，很多酒店也可以带宠物入住，我们去附近度假都会带着它。很多餐厅也不排斥宠物，狗和猫可以在餐厅的户外吃饭，只要不干扰到别的客人就行，所以还是蛮友善的。

维：美国的宠物生态本身已经发展得很成熟，覆盖面广，衍生产品和服务也非常完善。"新冠"疫情后又增加了很多新的饲主，而宠物在疫情期间也给予了主人很好的慰藉。所以人类应该感谢它们，幸好还有它们的陪伴，才使得大家在疫情期间没有更加抑郁和难过。

敏：是的，小狗来我家后，小朋友们不再整天捧着手机赖床了，一个个都活跃了很多，争着照顾小狗。大女儿带着弟弟一起遛狗，小女儿是个艺术型的孩子，给小狗画了很多画像。小狗过 1 岁生日时，大女儿还特意把它带去宠物店，让它去挑自己喜欢的零食，又给它在家里做了牛排，准备了一大篮子玩具，连我这个妈妈看着都觉得嫉妒。因为她从来没有给我这样庆祝过生日，也没有给她的弟弟妹妹这么庆祝过生日。然而她的回答也让我很难反驳，她说狗狗的生命比人要短得多，所以我们要珍惜它过的每一个生日。

维：这孩子太会说话了。对了，我还没问你家小狗的名字呢。

敏：它的名字叫王子，Prince，是我小女儿取的名字。我觉得也蛮合适的，因为孩子们都看过《小王子》这本书，书里那只小狐狸，就跟它长得一模一样。

后记

在疫情来袭两年多之后，人们开始评估疫情给世界带来的非医疗维度的影响，其中包括养宠群体的变化。各种渠道的数据表明，许多国家的养宠人群大幅增加。当封锁、停课、在家办公成为新常态，许多人因为宅家过久变得抑郁颓废。是这些毛茸茸的朋友，在世界各地的家庭中救助状态急剧恶化的人类，让日子不至于变得更糟。当我们用"救助"这个词时，可别再想当然地把自己定位为救助方，把"毛孩子"定位为被救助方，因为到底是谁救助了谁，还不好说呢。

王子戴着印有名字的脖圈

出家还俗，猫狗常在

主人：如用，曾出家十年，现从事中国
　　　传统文化推广工作
坐标：深圳市南山区
宠物：在寺庙照看的寄养猫狗；还俗后
　　　养的布偶猫

在桐庐山上的猫

维：如用师好！自从在黄山的寺庙结识，我一直关注你的朋友圈。记得当时
　　在寺庙里你就养着猫吧？

如：对，寺庙里有老鼠，但僧人又不能用捕鼠器去杀生，所以就养了猫，
　　其实也是信众们送来寄养的猫。寺庙义工都挺爱猫的，所以它们过得
　　挺好。

维：说到这里我有一个问题：寺庙的人如何看待猫吃荤腥这个问题？因为猫的天性就会抓老鼠，可能它也不一定吃掉老鼠，但是会把老鼠折磨致死，并且也要吃鱼肉。

如：我那时候不知道猫是肉食动物，我们吃素，猫也吃素，我看它们活得也蛮好。后来才听说猫是肉食动物。有人会寄送猫粮到寺庙，我们也喂猫粮，但大多数时候它们吃素。猫来了之后，老鼠就自动地不来侵犯了，生物界的关系就是这么奇妙。

我们当时除了养猫还养狗，狗也跟着我们吃素，也吃一些信众寄来的狗粮。那条母狗生了好几窝小狗后，脾气变得不太好，身体也差了，所以后来我们就送它去做了绝育。第一次去做绝育时，到了宠物医院我又犹豫了，就没做成，第二次再去才做成。绝育之后，它的脾气和身体明显好转了。

维：我好像发现了一个规律，但凡是公狗，主人都不太愿意给狗做绝育，尤其是养公狗的男主人特别不愿意给狗做绝育，好像觉得狗做绝育就顺带把自己也阉割了一部分似的，不管是从生理上还是精神上。但是给母狗或者母猫做绝育确实能增加母狗母猫的福利，延长寿命、预防疾病。主人对于给母猫母狗绝育，心理抗拒也不会那么强烈。

如：母狗生孩子对自己的消耗很大，尤其是每年都生一窝，让它不断地处于怀孕生产、产后抑郁中。我们经常说人会得产后抑郁症，其实母狗也一样。后来送去绝育时，兽医也说它的身体不能再生育了。

维：寺庙里的猫狗跟其他地方的猫狗有什么区别？我知道有很多共性，但我想了解有什么区别，我想读者也比较愿意了解。

如：就拿当时我所在的寺庙来说，我们每年会组织多次禅修营，寺庙里除了师父，还会接待好多禅修学员，猫和狗都很喜欢亲近这些学员。寺庙里的猫狗不像家庭宠物有特定的主人，它们和来来往往的人关系都蛮好。

有一年夏令营，寺庙里来了很多人，结营时有百多号人一起合影留念，狗也跑过来跟大家合影。老和尚给那一批营员起了法名，狗也得了个法名叫"明善"。所以可以说，寺庙里的猫狗没有主人，也可以说它们所遇皆主人。因为它们生活在公共场所，周围的人也很善良。其实这也是一种破除我执，它们对于主客身份的幻灭流转，无形中参得更透，不是只盯着一个主人，而是去拥抱和珍惜生活中随缘乐助的善意。

另外，寺庙里的人起得很早，清晨4点就打板，最迟5点半也要起床，这和猫狗的作息也挺吻合。对于城市里生活的家猫家狗，早上醒来后有很长一段时间是没有主人陪伴的，而僧人和猫狗的作息配合度就比较高。在寺庙里，我们也经常出坡（即劳作、洒扫——编者注）、徒步爬山，狗经常一起参加。

维：那后来你怎么决定还俗了?我记得看你的朋友圈，出现了吃鱼、炖肉这些内容，定位也不断地在全国各个地方切换。记得当时我还跟你确认了一下，才知道是还俗了。

如：2018年，我感觉到自己所谓的修行状态，似乎越来越被"师父"这个名号给框住，变得模式化。经过了整整十年的僧团生活，很多理念在慢慢改变。我觉得追求觉悟也是分阶段的，到了那个阶段，就要做一种切换。参禅和学佛还是不能被身份所束缚。不管别人多么恭敬甚至恭维我们，最终我们还是要去不断寻找自在的状态。

所以从 2018 年开始，我看的书又回到了《庄子》和《红楼梦》。想要落地，回到世间，带着情感去过有温度的生活，再加上一些个人的原因，到了 2019 年 5 月份，我还俗了。

维：我不知道这样理解对不对——出家多年遇到了瓶颈期，从"释"切换到了"道"。刚才说到"庄子"，那是更加放松、自然的状态。

如：寺庙需要更多庄严肃穆地学佛参禅，但当时我感觉自己更需要冷暖温度，人间关怀。这不是好和坏的问题，只是在不同的阶段，选择更适合的方式。我们归根结底还是普通人，这是我不想被异化的本质。世间的温暖也蕴含了很深的佛法。有些人学佛是为了寻求人生的解脱，但我更珍惜很温暖很感性的状态，所以我就转去看《庄子》。

维：其实猫狗的状态应该更接近庄子的道法自然，用最没有抵抗和内耗的方式去顺应生活，不像人类那么纠结。我看到你还俗之后，除了吃鱼、炖肉，也会继续发跟学佛相关的帖子，并没有因为还俗而做切割。还俗这件事可能会让有些人觉得尴尬甚至是背叛，但是你处理得很坦然，很"庄子"。

如：出家也好，还俗也罢，身份的转换不应该对学佛本身产生影响。如果以我 2015 和 2016 年时的状态，我还会特别瞧不起还俗的人，觉得这是一种背叛，但是等到我自己走到这一步，我把这些都放下了。我所学的佛法，我所获得的身份，不应该是一种装点，更应该内化成更清醒、更有力量的我，我想你会理解我的意思。

维：我大致能理解。那么还俗之后，身边还有猫狗吗？

如：有，离开寺庙时，以前的学员送给我一只布偶猫，我还俗后和女朋友到了杭州，就把猫一直带在身边。一开始，我们以为这种猫会特别娇贵，特别费钱，后来发现它吃得真不多，我也觉得松了一口气。说实话，在出家10年后再回到世俗生活，我一开始对于俗家生活也有点紧张，以为负担会很重，就像我以为养布偶猫会很费钱一样。但其实也并没有想象的那么艰难，我想这也要感谢这只猫，在特殊的过渡阶段给我很多宽慰，带着我一点点重新适应在家的生活。

记得我第一次播放佛经时，它听到后非常震惊，躲进角落里。但过了一会儿它就出来了。以后再播放诵经，它就很自然，也很安详。

那时候我们借住在杭州劳动路，离西湖很近，生活也很简单。每天就是做饭、吃饭，出去散步。到了那年春节，我写春联的时候还把猫的名字喵喵加了进去，贴在大门上。那是一段非常美好的日子，很安静很温暖，也因为猫充满欢声笑语。次年三月我们搬到了桐庐的山上，把喵喵也带去了，那里有一条狗，所以我又过上了猫狗双全的生活。经常会有朋友来山上玩，我们有时候也把它从笼子里放出来，和狗一起在外面玩。

那年七月份，有朋友邀请我们去草原玩，我们就拜托山上的朋友照顾它。过了10天，朋友打来电话告诉我们，说猫突然死了。

当时听到后我很难过，也很自责。想着要是早点回去，它应该不会去世。除了吃好喝好，它还需要亲人的陪伴。直到今天，我还珍藏着它的猫毛。

维：这只布偶猫就像是上天派来的天使，在从僧团生活返回人间烟火的日子里，陪伴你很平静地度过这个适应阶段。

如：对于个人的选择，我也不太去辩解。做僧人时，别人对我的恭维其实也是一种束缚，而我们的初心是要去寻求解脱。之前的出家修行或多或少存在逃避心理，自己的力量也不够，有很多事情是不敢面对的。现在我希望能用所学的知识，去帮助更多人的身心灵得到放松，这可能是当下社会需要的。

这些年自己也学了很多东西，用来服务社会，这是利乐众生的一件事，也能让自己获得成长和担当能力。

当我们对佛法有了更深的理解后，会发现周边的每个人包括猫狗的身上，都有很多可学的地方。和猫狗相比，很多人活得并不自在，带着很多固有的偏见或评判。所以我们不要给自己太多设定，也不要给猫和狗太多设定，这样大家都会更加自在。

不过，在生活稳定下来之前，我暂时不敢再养猫了。

后记

有人为追求自在遁入佛门，有人为追求自在还俗回家。如果说，从在家到出家是一种觉悟，那么从出家到还俗就是另一种觉悟，而人生从此岸到彼岸，会经历不止一次觉悟。从某种意义而言，还俗是一种更为彻底的告别体制，摆脱了束缚也退出荣光。过渡的日子里，忐忑是难免的，幸好他的身边还有猫狗陪伴。

宠生百态

主人的第一只猫丢丢

主人：周老板、曹老板
　　　某宠物店合伙人
坐标：杭州市滨江区
宠物：美国短毛猫,5岁；矮脚猫,1岁半；
　　　异国短毛猫,1岁

维：两位好!感谢你们以情侣及合伙人的身份接受采访。

曹：谢谢丁老师。我和男朋友打小就喜欢猫猫狗狗，小时候收养家附近的流浪猫，上大学后一起养猫。毕业后我们创业开了家宠物生活馆。具体的让我男朋友说吧。

周：好的，我们一共养过三只猫加一只小狗，小狗不幸去世了。第一只猫是美短，叫丢丢，就是丢弃的那个丢。当时我们刚开始谈恋爱，我又在考雅思准备出国，暑假就留在学校附近补习英语。学习很枯燥，我的英语成绩本来也不好，精神压力一大，就希望有只宠物陪伴自己。于是我们俩一起去猫舍，挑中了丢丢。那个时候年纪还小，也算是跟风养宠吧，但是养到后面就发现，其实猫就是类似家人一样的存在。

维：是怎么养出这种感觉的？

周：丢丢刚来时比较瘦，我们听别人说，吃生牛肉可以增加营养，我就每个星期去菜场剁 20 块钱牛里脊喂它，慢慢它就胖起来了。毕业后家里出了些状况，我放弃留学来到杭州创业，把丢丢寄养在父母家。我父母之前很不喜欢我养猫，也很不喜欢猫，可能也不太喜欢我吧，但是丢丢在我们家其实过得还不错。刚带回家寄养的时候，父母还挺嫌弃，但养着养着，他们也发现猫很治愈，很可爱。我爸后面就挺关心它的，还会经常做红烧肉给丢丢吃。有一次我临时回家，发现丢丢的碗里全是大块大块的红烧肉。

维：猫爱吃红烧肉吗？

周：其实一般吧。但你知道，父母就是这样的，他们总是会把自己认为最好的给你。

后面我们又养了条狗，取名真香。但很不幸，有次我们带它出去玩的时候，狗绳没有牵紧，它一下冲出去撞在花园的台阶尖角上。送到医院抢救，没能救回来。从那以后到现在，我们都没有再养狗，受不了那种离别的感觉。

我们的第二只猫叫蝙蝠侠，是从猫舍买回来的矮脚猫。养在店里，被一个客户给相中了，软磨硬泡要我转让给他。当时我感觉他确实是个爱猫的人，他家里也养了很多猫，就同意了。结果他带回去没多久，发现蝙蝠侠有先天性心肌肥大症。这也挺出乎我意料的，因为那个时候它还小，病理的先兆还没体现出来，也是那个客户带去做体检后才发现的。客户表示不太想养了，我就直接把钱退给他，把蝙蝠侠接回来了。但是通过这件事我领悟到，宠物没有自己生命和生活的选择权。今天碰到我，我会去救治它，但如果碰到不负责任的人，那么它很有可能会被遗弃在街头。

我们的第三只猫叫太白，是只异国短毛猫，俗称加菲猫，现在是我们的店猫。

维：你刚才这点说得挺好的，形形色色的宠物，背后是形形色色的主人。以你们的职业身份，是最有资格说这些故事的。确实宠物的命运是被动的，我们人类多多少少还能掌控自己的命运，但是宠物掌控自己命运的空间真是非常狭窄。

周：是呀，宠物店开了近两年，各种人都接触了不少。有些人来买猫买狗，其实并不是自己喜欢，可能只是买来奖励小孩子，就和买玩具一样。还有一部分年轻人，他们也不是真心喜欢猫狗，而是把这当成潮流，觉得别人有我也要有。

比如我们有个客户，算是个抖音上的小网红，家里养了三只猫和一只狗。一开始我们以为她是对猫狗特别好的那种人，后来有一次她去三亚旅游，起初说要寄养到我们这里，结果匆匆忙忙赶飞机，没来得及把猫狗送过来，她说，就让猫狗自己待在家里。我们就问她，要不要找人上门喂养和打扫?她说不用，就飞走了。等她从三亚回来，有天半夜 12 点钟打来电话，让我们送个自动猫砂盆过去。一到她家，那个场面太震撼了!你知道吗?外表如此光鲜亮丽的一枚网红小模特，进了她家门，发现她家猫狗的吃喝拉撒全部是自己解决的。地上全部是猫屎狗尿，连厨房灶台的水槽里也全部都是猫猫的排泄物。她家那条白色的狗因为没人照顾，四只脚已经被自己的尿液染黄了。这种反差太大了，主人的形象与对待宠物的态度反差实在是太大了。

维：所以直播间里的粉丝看到的，是孔雀开屏的那一面。

周：是的。当然大多数的主人还是挺负责的。我们附近有个老奶奶，她有条年纪很大的狗叫乐乐。乐乐生了一个肿瘤，腿脚也不方便，奶奶就给它买了宠物推车，每天推乐乐出来晒太阳，也一直给它治疗。这只狗去世以后，奶奶还会经常来我们店里，看一看别的狗，和我们聊聊乐乐，好像它还活着一样。

还有一些主人，每次送猫狗来寄养，都特别不舍。其实他们的猫狗多半是狸花猫、田园犬，不是什么名贵品种，但他们真的把猫狗看作家人。送来寄养前会全面考察我们的店，送过来后更是千叮咛万嘱咐。

维：这些都是好主人，所以回到我们之前讨论的，真是什么样的主人都有。那有没有人把猫狗遗弃到店门口?

周：有啊，我们也经常会碰到弃养的，这些主人不想养了，就打电话过来问猫能换多少钱。比如说买来 1000 元，他就想我收下猫再给他 800 元，不行的话就 500 元。还有一种人，自己不想养了，就直接把猫盒大清早放到店门口。特别是过年过节前夕，大家都要回老家，但又觉得托运费太贵了，所以年前节前也是猫狗被抛弃的高峰。有的主人甚至就当着我们的面说：你们不要的话，那我就丢掉了。

维：这就是道德绑架了。我猜这种人以你刚才说的跟风年轻人为主吧。他们可能连照顾自己都有困难，更别说对宠物负责了。

周：是这样的。我突然想到，刚才说起年轻人跟风那一类，有个很典型的例子，是我老家的一个朋友。他家里条件比较好，老说自己很喜欢宠物，前前后后养了五条狗、两只猫。你肯定要问，为啥那么多？因为当下火什么品种，他就买什么品种，但是买回来之后又没有好好养。我怎么知道的呢？因为我每次回老家，他就会让我帮他去处理宠物的事。有一次他让我去宠物店帮他结算寄养费。单子打出来我傻眼了，他竟然可以结出两万多元的寄养费，这是一个很恐怖的数字，因为这意味着他根本就没有自己养啊！他买狗回来不是为了养狗，而是为了"养面子"。这样当别人聊起当下流行的品种，比如边牧吧，他就可以说："啊！这个狗我有养。"但实际上他是个很懒的人，从来不去打理自己的狗，也不愿意把狗放在自己家里，只是花几万块钱送到宠物店去寄养。

维：这个故事听得我简直要笑出眼泪了。就有点儿像前些年普洱茶很火，这几年老白茶很火，于是一帮从来不喝茶的人，什么茶火就假装很懂得喝什么茶。

周：对，就这种类型。他其实内心并不喜欢猫狗，但是知道这个很流行。特别是男孩子，觉得有宠物就很有面子，或者很讨女孩子喜欢，所以他就愿意花钱去搞一只回来，然后当有人聊起这个话题的时候，就可以很有面子地告诉各位："这种狗我有一只，你们如果喜欢的话，可以来我家看。"

维：然后马上给宠物店打电话："把狗送回我家。"

周：对,哈哈哈哈。所以真是什么样的人都有。我又想起一个挺感人的故事。店里有个客人，女儿得了抑郁症。他为了帮助女儿治疗，给她买了一只猫。后来这只猫也确实立功了，小姑娘经过半年的治疗和调整，各方面的状态都回来了，现在已经重新回到学校读书。我目睹了整个过程，觉得父爱真是挺不容易的，因为这位老哥他自己其实对猫毛过敏，但为了孩子，他一直忍着，还经常来店里学习各种养猫的知识。

维：谢谢你们!今天收获很多。因为有了这个店，每天足不出户，就能收集到这么多故事，真是人生百态，宠生百态。

后记

　　这是一篇特别的采访，与之前的一对一私房故事不同。主人因为开宠物店，得以和我分享收集到的"大数据"。我相信，只要加以挖掘，这些数据肯定能被加工成各种有用、有趣的信息，记录当下现实，串联变迁脉络。我建议主人好好保存账目清单，等到退休，一定能攒出一套别具价值的社会文献。

店猫太白

有先天性心脏病的蝙蝠侠

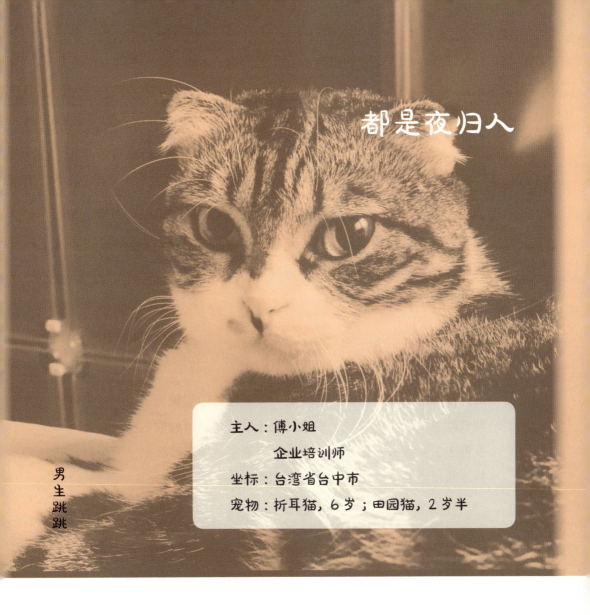

都是夜归人

主人：傅小姐
　　　企业培训师
坐标：台湾省台中市
宠物：折耳猫，6岁；田园猫，2岁半

男生跳跳

维：傅小姐晚上好，谢谢你接受我的采访。

傅：你好，请稍等一下，我刚到家，先喂猫吃饭。
　　（5分钟后）

维：这是我第一次对台湾地区宠物主人进行采访，请说说你的养猫经历吧。

傅：很荣幸可以聊聊我的猫。这是我第一次养猫。之前大概有十年的时间，很多朋友一直跟我说，我很适合养猫。可是我每天早出晚归，很担心不能陪伴它们，所以一直不敢养。

有一天，我去养猫的朋友家里玩，朋友说在网路上看见一只折耳猫在求领养，说那只猫很适合我，问我要不要去看看。网上也提到，折耳猫是有先天缺陷的猫，但因为很漂亮，就一直被人类繁殖，所以领养折耳猫的人需要特别有爱心。

维：那这只猫是流浪猫吗？

傅：是，在网路上刊登领养信息的是一位退休的中学校长，平时花很多时间救助流浪猫。这位校长说他发现这只折耳猫（后取名袜袜）后，一直都去公园喂食，但是因为袜袜太害羞了，所以连续喂了一个月，袜袜才敢接近他，这才有机会把它抱回家。

据他推测，袜袜应该是被大学生丢掉的，因为那附近有一所大学。有可能是因为大学生要毕业了，不能把猫带回家，所以把袜袜丢掉；又或者是男朋友送给女朋友的礼物，两人分手后，猫就被遗弃了。当然这一切都是猜测。

发布信息后，他们希望可以找到一个有爱心，也有经济基础的领养人。因为折耳猫先天有缺陷，它们的软骨不太好，通常五六岁之后，身体就会出状况，所以这对它们的领养人有比较高的要求：第一，要有养猫经验；第二，要有经济基础；第三，要保证对这只猫不离不弃，因为它已经被弃养过一次了。

维：那看来你完全符合第二条、第三条要求，所以对没有经验这条，他们网开一面了。

傅：是这样的。真正开始要养了，我其实也挺紧张的。听说猫喜欢往边边角角的地方钻，所以在养猫之前，我还请人来家里整个打扫一遍，希望猫来之后可以住得舒适一点。我也请教了几个养猫的朋友，了解需要准备的东西。所有东西都采买好了，才去把它接回来。

刚来的时候，袜袜非常害羞地躲起来，还好它胃口不错，所以我拿食物引诱它，就出来了。我猜想它流浪的时候真是饿坏了，因为它这么害羞的猫咪，在外面肯定抢不过其他的流浪猫。

维：它那时候多大了?还有它的名字叫袜袜?好有趣的名字。

傅：3 岁多了。所以它并不是流浪猫出身，而是被遗弃的家养猫。收养袜袜的那天，我还收养了 3 个月大的跳跳。取名袜袜是因为它的身体有虎斑纹路，可是四只脚是白色的，很像穿了袜子，所以就叫它袜袜。给另一只猫取名跳跳是因为它精力旺盛，活蹦乱跳，所以就叫跳跳。

维：袜袜这个名字很形象，因为它就像穿了白袜子的女生嘛，台湾的中小学女生确实穿白袜子对吧?

傅：没错。台湾的小学、中学女生穿制服的时候是要穿白袜子的。虽然袜袜和跳跳是在同一天被收养的，但毕竟一只是被遗弃的 3 岁猫，一只是 3 个月的小奶猫，它们的生活习惯还是不太一样。

之前听大家说，猫咪很喜欢钻箱子。网络上有很多养猫人发布的视频，我发现猫很爱钻到各种容器里面。确实，跳跳就很喜欢，只要家里有箱子，它一定要钻，甚至是我刚拿到、还没有来得及拆的快递箱子，它也迫不及待地要钻。可是袜袜无论如何都不进去。直到半年前，它终于敢自己钻进箱子里，那一天我真的非常开心，因为我知道它终于有安全感了。因为我猜想它当初可能是被装到箱子里面丢掉，所以从此对箱子有种恐惧情绪。

另外，袜袜刚来的时候也不敢进浴室，所以我猜会不会是它的前主人忙的时候，或者袜袜不乖的时候，就被关进浴室。所以它也是来我家一年后，才敢走进浴室里。但跳跳从一开始就喜欢在浴室里面玩。

维：这种猜测很有道理，也很有意思。虽然不知道遗弃它的人是谁，但是猫咪身上携带了很多线索，可以大致拼出前主人的脸谱。

傅：是的。袜袜来的时候已经很会用猫砂，它还会教跳跳怎样用猫砂。我养了两年半，它们从来没有在猫砂盆之外的地方尿尿或者大便过，是非常爱干净的两只猫。袜袜也很照顾跳跳，经常帮它舔毛，但是跳跳也不觉得自己比袜袜小，只要袜袜舔它，它也会回过头来舔袜袜。

维：你所在的地方对养猫人友好吗?比如可以带去旅游、喝咖啡这些吗?

傅：总体来说，大家对猫是友善的。比如在百货公司外面或者市民广场上，每逢假日都会有爱猫人士带着流浪猫、流浪狗寻找领养人，也有很多人遛猫、遛狗。还有一些猫餐厅或者狗餐厅，主人可以带猫咪或者狗狗去用餐。

不过，我没有带它们出去过，除了看医生。因为袜袜很害羞，我怕它出门后会害怕到躲起来，躲到我抓不到的地方，而跳跳又太活蹦乱跳，而且太滑溜了，我没有办法帮它绑上猫咪背心，怕一出去就跑丢，找不到回家的路。

说起跳跳，还有一次让我受惊吓的经历：大概在领养它三个月的时候，有一天，我加班到很晚回家，看到跳跳竟然脚跛了。那时已经晚上 10 点钟，几乎所有的宠物医院都打烊了，我赶快打电话给我老板请假，然后隔天早上带它去看医生。幸好检查完了发现只是肌肉拉伤。我猜它大概以为自己是人吧，每天看我拉阳台的玻璃门，所以也想要去拉门，可是力量不够，导致肌肉拉伤。

维：你有给它们配种或绝育吗？

傅：领养袜袜的时候，它已经做过绝育了。很多救助流浪猫的人会给猫狗做完绝育、驱虫，再供人领养，为的是不要再繁殖出更多的流浪猫，因为这里不太适合流浪猫生活。跳跳是在被领养半年后，也就是它 9 个月大的时候去做的结扎，因为朋友提醒说，如果猫咪不结扎，发情时的尿会特别臭。

维：替它做这个决定的时候，会不会有点纠结？

傅：倒是还好，因为我想趁它还不懂事，先做这个决定，它就没有概念了。也许这也是我一厢情愿的想法吧。

维：养猫有给你带来什么改变吗？

傅：时间没有那么自由了，以前会和朋友玩到很晚，现在就会想着家里的猫还没喂。但是也增加了很多乐趣，有了牵挂的感觉。会担心它们有没有吃饭，吃得多怕它们胖，吃得少又担心为什么胃口不好。因为我没有结婚，也没有小孩，我不知道这会不会像是妈妈对孩子的感觉。

维：挺像的，唯一的区别是，当你做完这一切，孩子可能还会跟你顶嘴，而宠物不会。不知道你有没有这种感觉：人的情感内核其实都差不多，常情如喜欢、厌恶、嫉妒、同情、占有，在任何一种关系中都会出现。只不过加血缘成了亲情，加荷尔蒙成了爱情，加气味相投成了友情，跨越物种就成了宠物情。

傅：关于人跟宠物的感情，你的比喻当然都很对，但是养猫让我觉得，人对宠物的包容性可能更高，更容易原谅它们。

维：这句话让我想起周慧敏为纪念她死去的猫儿子周慧豹写过的一篇文章，在文章的末尾她写道：谢谢你教会我什么是无条件的爱。

傅：就是这个意思。

维：我之前看过一组数据，台湾地区的适婚人群中，未婚率高达43%。我猜想对于这个庞大的群体来说，宠物是很美好的存在。因为通常而言，人要解决孤独，必须借助他人，这就会让事情变得很复杂和困难，因为他人是不可预料和掌控的。但是有了宠物，人就可以很独立、很体面、很确定地解决孤独。

傅：很有趣的是，其实在养猫之前，我觉得自己的生活很充实，并不觉得孤单。因为工作的关系，我的身边总是有很多人，也觉得自己的工作很有意义，所以没有孤单的感觉。不过，养猫之后多了一份牵挂，这倒是真的。

后记

都市环境虽然不太适合流浪猫狗生活，可我感觉都市人其实挺需要猫狗。人如果生活在乡村，花草树木、鸡鸭猪狗就是日常，置身其中不会产生脱离自然的焦虑；而如果生活在钢筋水泥的都市，不管单身与否，都更需要借助宠物来不断刷新与自然的链接。日暮时分，当街道两旁的高楼开始星星点灯，想到家里的毛孩子，你匆匆的脚步一定会更加笃定而有方向。

女生袜袜

没有爱可以克隆

抖抖在草地上玩耍

主人：张同学，高二学生
坐标：杭州市上城区
宠物：比格犬，11岁

维：张同学你好，高中生辛苦呀，寒假里可以放松一下了。说说你养狗的经历吧。

张：好的。我从幼儿园开始一直想要养狗，但爸妈不同意。三年级时，抖抖的前主人去外地工作，想要给它找新家，我爸觉得我一直想养狗，就要过来了。

维：小狗叫抖抖是吧?还记得狗来你家第一天的样子吗?

张：嗯，记得那天它的前主人把它放在我家楼下的宠物店，我爸和我一起下楼把小狗接回家。那时候它 4 岁。刚来的时候有点怕生，缩在墙角，我想去摸它，它也不太理我。不过我是很高兴的。我小学时也比较空，遛狗、喂饭、捡屎我也会自己做。

维：那你觉得你和小狗有没有互相陪伴着对方成长？

张：应该是有的吧，但我的成长会比较多一点，毕竟我从小学生变成高中生，9 岁到 16 岁变化还是蛮多的，但是小狗从当年 4 岁到现在 11 岁，我感觉它最主要的变化就是逐步走向衰老。

维：也对，人生与狗生的长度不匹配，据说狗和人的寿命比例是 1 ：6，所以少年的成长过程见证了狗狗的衰老过程，这种加速的模拟给你什么感悟？

张：我平时也很担心这种事情，怕它哪一天会遭遇不测。毕竟狗到了年纪，人就会有这种担心。其实对于狗会死掉这件事情，我一直都很害怕，不管是它得了糖尿病，还是骨折，或者是皮肤病，我都会想很多，生怕它会死掉。可能在它 8 岁之前，我还不是特别担心，只是会觉得难过，但是它 8 岁以后我就会担心。

它 9 岁时，有一天我突然看到它在家里卫生间拉大小便。

维：这是什么特别的征兆吗？

张：它之前已经有很稳定的户外排便习惯了，突然改在卫生间拉，应该就是憋不住了。一开始我以为它只是年纪大了，可是我闻到它的尿里有甜腥味。带去宠物医院做检测，原来是得了糖尿病。我那时觉得它是不是快要死了，每天都很难过。我爸妈就跟我说了很多，说人是会死的，狗也是会死的。后来我就想好了，如果它太痛苦，就让它安乐死。因为我觉得它肯定是会死的嘛，而且就在这几年。

我一直给自己做心理建设，尽量放平心态。不过我觉得，我不会再养下一只狗了，因为没有五年十年，我肯定走不出来了。

维：我知道，狗失踪或者死掉之后，主人一般就是两种态度：第一种就是像你这样的，再也不养了；第二种刚好相反，就是马上再养一条，因为觉得太痛苦了，想用第二条狗来填补自己。

张：对，差不多就是这样。我原来也想过这个问题，我肯定就是第一种，因为失去狗的过程我再也不想经历一遍了。而且我觉得，如果要养第二条狗，也应该在第一条狗还活着的时候开始养，要是它死掉再养的话，感觉这样对第二条狗也很不公平。你到底是把它当作自己的安慰品，还是第一条狗的替代品呢？

维：这一点说得非常好，也是我第一次听到这种观点。我想听你再展开说说，为什么想养第二条狗的话，应该在第一条狗还活着的时候去养。

张：本来，要养第二条狗是为了让第一条狗有个伴儿，而对于主人来说，这两条狗就是完全不一样的个体。如果说一条狗刚死掉，马上再养另一条狗，心里其实很容易会把它当作第一条狗的延续或替补。我也看见过很多死掉小狗的主人立刻养第二条狗，然后还会发帖子，说感觉原来那个小狗回来了，我觉得这样对第二条小狗不是很公平。

维：的确，完整的爱应该纳入公平，而不夹带偏见或者私心。

张：对呀，包括克隆狗也是如此。我最初听说那种技术后，觉得很高兴，也想给我的小狗去做克隆，但是后面再一想，就觉得这样不好。克隆出来的小狗，它算什么呢？它其实是一个崭新的生命体，也没有之前那条小狗的记忆。但是，克隆出来的它跟原来的小狗长得一模一样，而你作为主人，对它的意识和看法也和对第一条小狗一模一样，这样对它来说是不公平的。我能理解主人这么做是出于对第一条狗的爱和思念，但这对另一条生命不公平。

维：说得非常好，也触及一个蛮有深度的话题。我们人类有独立的人格，那狗应该也有独立的"狗格"，它的"狗格"是由它的生活经历，它和主人的互动，它所看到的世界，它经历的病痛构成的。所有的这些记忆打包组合，形成了它的"狗格"。然而克隆只能克隆皮囊，至于经历、回忆这些内核，这些由时间所承载和酿造的东西，并不能够通过简单的复制粘贴到新的狗身上。而且这也是动物伦理的问题，生命的神圣和珍贵在于一期一会，在于它的一去不复返，对自然界的法则还需保持敬畏。

张：是的，所以我就想尽力帮它过好每一天。它得了糖尿病之后，每天要打两针胰岛素，一早一晚。家人每天都不敢忘记。它以前吃的狗粮很香，有羊肉味、三文鱼味、金枪鱼味的，换成处方粮后它不习惯，因为处方粮的口感没有原来的狗粮那么好。我爸就想了个办法，去超市买鸡胸肉和胡萝卜回来自己炖，然后浇在狗粮上，这样它就会都吃光，吃完之后再打针。

维：那打针是谁来操作呢？针贵不贵？

张：我爸和我妈都会注射。这个针其实也没有想象中那么贵，因为小狗打的剂量比人要小，一管 300 块钱，差不多可以打两个月。不过处方粮还是比较贵的。

维：听下来觉得你们家还真是很好的饲主家庭，全家三口对它的态度和行动都一致，愿意给它好的生活质量，愿意去关心它。它来到你们家是很幸福的。因为狗不像人，我们人类或多或少还有掌控自己命运的能力，但是狗就全凭缘分和造化了。哪只狗被哪个主人抱养，都不是自己可以决定。如果它得糖尿病后，主人嫌弃它，不管它，那它可能就变成一条流浪狗，活不了多久。

张：是的，其实本来也没想到小狗会得糖尿病，但是真的发生之后，脑子里就想它好好地活着，没有什么比这更重要了。

维：在过去的七年间，养狗的人生跟没有养狗的人生比较起来，你觉得收获是什么？

张：最主要就是责任感吧。对于自己喜爱的事物或者生命，要有责任，不光是看看摸摸就好了，还要自己去照顾。另外就是同理心吧。

维：通过照顾得糖尿病的狗，我想你比同是 16 岁的少女多了对生命的感悟和思考。那对于抖抖，你还有什么想为它做，但还不具备实现条件的事吗？

张：就是带它出去玩吧。小时候和爸妈出门旅游，特别是出国旅游时，会在街上看见很多人带着小狗玩，甚至在餐厅里、火车上都有小狗，所以我也特别想带它出去玩。但是在国内这件事很麻烦，要订酒店或者去旅游景点，都有很多限制。现在它得了糖尿病，就更难了。但是如果有可能，我还是想带它出去看看风景。

后记

爱是否可以重来？在基因和虚拟技术的加持下，我们普通人也会蠢蠢欲动，感觉生命和爱的源代码似乎触手可及，甚至可以推翻先贤所谓"人不能两次踏入同一条河里"的哲理，通过先进的黑科技，创造一条供人二次踏入的河流。果真如此吗？作为元气渐弱、容易想多却还没想透的中年人，我对其中的利害取舍，远不如受访的16岁少女这么清脆利落。岁月让我失去了什么？

134

父权的黄昏

主人：许女士，某律师事务所律师
坐标：杭州市西湖区
宠物：苏牧，10岁（已故）；金毛，3岁

维：年底很忙吧?感谢你接受采访。

许：谢谢，说说我们家豆豆和奥利奥的故事，我还是挺愿意的。豆豆是我
　　以前养过的苏牧，奥利奥是现在养的金毛。这条金毛特别调皮，我拍
　　婚纱照时，它也要插一脚，站在我和先生中间抢镜。

维：豆豆是已经去世了对吧?

许：是的，豆豆几年前走了。这件事对我们全家打击很大。我妈妈用了一年的时间才恢复，我爸爸都要抑郁了。所以第二只狗进入我们家的时候，其实大家的改变挺多的。当时第一只狗没了的时候，我是不想再养狗的。

维：豆豆是怎么走的？

许：当时豆豆十岁了，也算步入中老年吧。它的眼睛里出现了一层白白的东西，影响视力，但也不是白内障。我们就带它去医院看眼睛，顺便给它做了体检。我妈妈平时非常节俭，但是豆豆眼睛有问题，她想也没想就拿出两万多元给它治眼睛，说治好了眼睛，豆豆的中老年生活质量才能得到保障。我们专门从杭州开车到上海去给它治眼睛。

维：后来豆豆是因为眼睛去世的？

许：也不是，眼睛倒是看好了。它那时十岁，不算特别老，但身体也不如从前，死亡的原因可能是中暑。它在上海看眼睛的时候打过麻药，术后就在家慢慢康复。后来到了夏天，那年特别热，它大概就中暑了，送去宠物医院，在那里打了一针。我猜想中间是发生了一些医疗事故，因为打完针没过多久，它就死了。我记得送豆豆去医院后，我去上班，没多久就接到电话，说豆豆不行了，等我赶到医院，它已经走了，忽然之间就这么走了，我是很难接受的。我们家里人一点儿心理准备也没有，因为并不是看着它慢慢衰老，做好准备送它走的。

维：你是怎么发现它中暑的？

许：豆豆是非常乖的狗，自尊心很强，而且从不麻烦人。有一次它吃坏肚子呕吐了，我去打扫呕吐物的时候，看到它非常惭愧自责的眼神，真是乖到让人心疼。它中暑了也不吵不闹，都是自己默默承受。那两天我特别忙，所以也没太关注它，后来看到它连水都不喝了，才送去宠物医院。它就是根本不来吵你闹你，所以也没让我引起重视，唉……

维：这么乖的大狗，真是蛮体贴的。

许：其实它小时候挺皮的，也不听话。后来变得听话，我分析下来有两个原因。一个原因是，在它八九个月的时候，大概是在外面吃了打过农药的草，上吐下泻好几天，瘦得皮包骨头。我带它去医院看病，找兽医到家里来给它挂盐水，陪了两天两夜。当时它的脚都冰凉了，感觉就快不行了，然而到了第三天，忽然之间就好了！病好以后它就乖了很多，我不知道是本身到了这个年纪会变乖，还是因为它懂得感恩，我觉得它应该是懂的。还有一个原因，就是我爸爸当时一直在给它做规矩。

我爸爸是那种典型的严父，在单位里一直领导下属，在家里就领导我和我姐姐。从小，他就教给我们很多规矩，对狗也是一样。他对豆豆定的规矩是很严苛的，比如不能上沙发，不能进厨房，不能进卧室等。训练之下，豆豆也基本上遵循了这些规矩，比如厨房，它真的是不敢进去，有时候实在想进去，最多就探一只脚进去，身子还在门外，绝对不敢四只脚一起进去。所以也是在我爸爸的规矩之下，它越来越乖了。

维：感觉你爸爸是以对待儿子的标准来要求它。

许：挺像的，真是和对待子女差不多，对我们当然是爱的，但是他会给你做规矩。

维：豆豆走了之后呢，你刚才说爸妈都抑郁了很长时间?

许：我妈妈是调整了一年才缓过来，而我爸爸受到的打击更深重持久，虽然他不会表达出来。豆豆走后，老爸总是觉得它还在，经常早晨起床，到窗口看看天气，就开始交代我妈去买这买那给豆豆吃。比如他觉得天有点干燥，就会让我妈妈买点白萝卜，交代她："煮点给豆豆吃，免得它上火。"

豆豆走后我原本是不想再养狗了。但是我当时要结婚搬出去住了，我爸妈失去豆豆后心里也总是有个空洞，于是我就和我爸妈合养了一只金毛。

维：金毛和豆豆的性格像吗?

许：我只能说，不能更不像了。豆豆是乖得让人心疼，奥利奥则是皮到……真的不能再皮了，我已经找不到形容词了。啃桌子、椅子是不用说了，墙皮啃到露出砖头，还偷苹果，偷吃灶头上的菜，搞得我们只能吃白饭。

维：说来听听，感觉它是高智商犯罪。

许：我妈妈买了苹果，一部分放在茶几上，一部分放在厨房里。苹果外面是有白色网状泡沫包着的。有几次我妈妈就觉得茶几上的苹果少了，她也怀疑是金毛偷吃的，但是又觉得，如果是狗吃的话，肯定会掉落一些渣渣或者白色的泡沫。所以就想，也许是自己年纪大记错了，明明拿的是茶几上的苹果，却以为是厨房的苹果。直到有一天，我妈妈在午睡时，突然想起来厨房里有件事忘记做了，就从卧室出来去厨房。我们家是错层的房子，卧室在楼上，客厅和厨房在楼下。结果走到楼下，刚好抓了个现形：金毛正坐在沙发上，嘴里塞着苹果嚼着，那些白色的泡沫还在嘴巴里。反正那个样子，就差翘起二郎腿了。它就是算准了我妈妈每天这个时间会午睡。

维：好有画面感！这么皮的狗，那你爸妈怎么应付？规矩做得动吗？

许：规矩？现在早就没有规矩了，它爱干嘛干嘛。厨房随便进，沙发随便上，我爸爸看电视的位置都已经被它挤到角落里去了。

维：这个反转真是太戏剧化了。你爸爸对两条狗的态度，有点像对儿子和孙子。通常对于自己的儿子女儿，家长还是会严格要求，要做规矩；但是到了孙辈，我们很少听说哪个祖辈对孙辈要求特别严格，一般都是比较宠爱甚至溺爱。所以他对豆豆的感情，就好像对自己的儿子，是要做规矩的，但是到了奥利奥这儿，可能就变成了对孙辈的情感。再加上豆豆是突然离世，这种震撼教育可能加速了他的情感转化。

许：的确是的，第二只狗来的时候，我爸爸已经快80岁，也得了阿尔兹海默症，所以真的是很溺爱，没有规矩，没有原则。

维：这狗也是一狗一命。决定待遇的，不是自己的禀赋，而是进入主人家的时机，以及主人当时的心态。

许：是的，每条狗都有自己的造化。

后记

采访结束后，我的脑子里浮现出这样一个画面：主人公的爸爸养第一条狗时，对狗的爱充满威仪，仿佛午后的太阳，热力四射；到了第二条狗，太阳已从天边渐渐下沉，光芒与热力一点点散尽，此时只剩下漫天的晚霞，温柔寂凉。

奥利奥

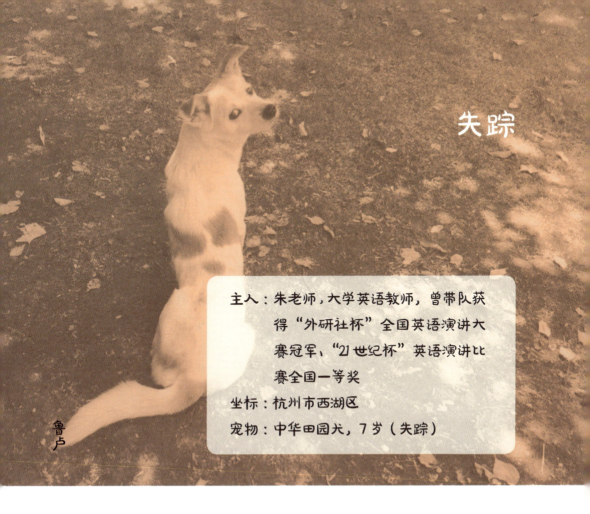

失踪

主人：朱老师，大学英语教师，曾带队获得"外研社杯"全国英语演讲大赛冠军，"21世纪杯"英语演讲比赛全国一等奖
坐标：杭州市西湖区
宠物：中华田园犬，7岁（失踪）

鲁卢

维：朱老师好，听说你的狗失踪了？

朱：哈哈哈哈，我的狗丢了一年多了。

维：这真是糟糕的经历，愿意说说吗？

朱：那我就从头讲起吧。我小时候住的农场周围有很多狗，所以我从小就很喜欢狗，也喜欢其他动物。但是家里已经养了三只猫，就没有再养狗了。后来开始工作，我住进了大学分的单身宿舍，空间是独立了但地方太小，还是养不了狗。于是我就养了三四年仓鼠。有空的时候，

我会去浙大玉泉校区南面的植物园玩。那条路上有个地方叫青芝坞，类似城中村，里面养了很多狗。我会带点火腿肠之类的去找那些狗玩，过过干瘾。

维：那些都是流浪狗吗？

朱：不是，都是有人家养的，算是农村人家的看门狗吧。但是它们都是放养，没事儿就趴在路边睡觉。我拿火腿肠给它们吃，其中性子温顺一点的，一来二去就和我熟了。有时候会跟我走很长一段路，然后再自己回家。

维：那后来你的狗是怎么来的呢？

朱：后来我分到了房子，工作也比较稳定了。有一天老婆告诉我，小区里有户人家的狗妈妈生了一窝小狗，问我要不要去看看。我们去了，看到三只黑的小公狗，一只黄白花的小母狗。我老婆比较喜欢黄白花的，小母狗看上去也比较温顺，我们就带回家养了。那是 2013 年 10 月 13 日，算是个纪念日，我们每年还都会给狗狗庆祝，哈哈哈。

维：领养回家后，这条狗给你们的家庭生活带来什么影响呢？

朱：影响挺大的。其实一开始我有点担心，主要是因为两点：一是我有点神经衰弱，怕狗狗来了以后老是叫；二是寒暑假我们喜欢出去旅游，到时候就比较麻烦。刚开始的几个月挺辛苦的，在外面逗狗玩和自己养狗，还是不太一样。鲁卢（朱老师给狗起的名字——编者注）很闹，每隔一个多钟头就醒来，要吃要喝，还要人陪着玩。如果找不到人，它就会叫，或者去啃东西。那阵子，我做梦梦见的都是鬼哭狼嚎。另外就是它喜欢随地大小便，很难打扫，哈哈哈。

但是长到三四个月的时候，就开始乖了，不再随便叫闹，大小便也是到外面散步的时候一起放掉。我那时候出差比较多，每年有一两个月会在外面带学生打比赛或者做培训，这些时候我老婆独自在家就有点害怕。有了狗之后，她就不再感到害怕了。我也觉得家里好像有个人陪她，就比较安心。再加上我们的狗非常温顺，从来不闹事。你想亲近它的时候，摸她脑袋，它会把身子蜷起来，卷住你的腿。

维：在城市的小区里养狗是不是和农村里养狗不太一样？

朱：嗯，小时候在农场，我自己家的三只猫、周围人家的狗都是散养，根本不做啥，给吃的就行了。有空的时候一起玩，其他时间不必管。

维：那后来怎么丢的？

朱：还是因为我们要出门旅游，就交给了朋友带。朋友觉得它比较听话，就开着家里的门，没想到一转眼它就跑出去了。

维：你知道后有没有在内心责怪朋友，责怪自己？

朱：那主要还是责怪自己，责怪了很久。我们就是不该出去，不该让朋友带。说起来真是阴差阳错，没办法，本来这种情况都是让我岳母从外地过来帮着带的，但那次她临时家里有事来不了。当时我就应该放弃出行计划的，但是我没有这么做。

维：那时候养了多久了？狗失踪就和孩子走丢一样吧，有没有想过它的各种结局？

朱：养了七年。我去城管部门问了，但他们说那几个月没有在附近看到过流浪狗。我就告诉自己，它很机灵，也很讨人喜欢，所以有人收留了，这么来安慰自己吧。

维：那现在已经丢了一年多了，这件事对你还有影响吗？

朱：肯定有。不能看到别人的狗，看到了就会想起来。之前回家开门时，它听到脚步声就在门里面用爪子扒，打开门后就摇头晃脑地迎接我，现在都没有啦。想起来就觉得空落落的，房间里好像一下子空了，虽然它以前多数时候也很安静。我告诉自己不能看别人的狗，可真的看到了像它的狗，还是会盯着看。有次我在路上看到一条狗，觉得可能是它，就一路追着走了一个多钟头。等追到了细看，其实长得一点儿都不像，就是自己在瞎想。

维：这个情节有触动到我。

朱：那这样的情节太多了。有天晚上，楼下有只狗突然叫起来，叫了一会儿，我老婆说："是我们家的狗回来了。"我听了一会儿，也觉得是。那时候都半夜了，我俩赶紧从被窝里爬起来，出门去看。结果当然不是，否则我今天的故事就不是失踪的狗，而是回家的狗了。

还有一次，邻居知道我们丢了狗，跟我说他在附近看到一只狗，和鲁卢很像，我马上就去那里找。找到了一看，哎！都是中华田园犬嘛，有些人就觉得很像。就好比外国人看中国人，觉得都很像，可我们自己就觉得一点儿都不像。那些细节，包括毛的长短，耳朵耷拉的程度都是很不一样的。自己的狗，到了眼前马上就知道是不是了。

维：你觉得狗丢了和狗死了，对主人来说，有什么不一样？

朱：一开始肯定都很痛苦。有些人的狗丢了或者死了，马上要再养一条。有些人（比如我）就没法接受，不愿意再养。这些都是一样的。但是丢了就还有念想，死了就没啥念想了。

维：你没法接受，不愿意再养，原因是什么？是惩罚自己，还是觉得马上再养新的，对不住原来的狗？

朱：那比这些原因要自私得多，就是不愿意再经历那种痛苦。走丢是这样，老死也是吧。

狗一般是活不过人的，所以养了会比人先走，都会很痛苦。

过去有个片子，不知道你看过没有，叫《一条名叫旺达的鱼》。一个笨蛋杀手去杀证人老太太，结果好巧不巧，每次都意外失手，杀了三次都没杀成。但是他杀死了老太太的狗。老太太自己大难不死，但是三条狗三次死完，她也就伤心死了。我倒不至于伤心至死，但就是没办法接受。

有时候睡到半梦半醒之间，好像会听到响动，就觉得那是鲁卢，它还像以前那样伏在地上，等着我醒来带它出去。但下一刻就突然真的醒了，发现原来不是这样，它不在了才是现实。那一刻就很想回到刚才的梦里去。

维：丢狗后，你们的家庭生活有什么变化吗？

145

朱：就是觉得生活里缺失了东西，但时间还是能冲淡这种感觉的。一开始我每天找，后来每周找，现在不找了。

维：还有什么想为它做的事吗？

朱：没有了。心里还是盼望着，有一天它能回来。如果不回来，希望它能生活得好。

后记　　　与死亡的确定性不同，失踪是一种很特别的状态，这种状态既留有念想，又滋生焦灼，以其广阔且千差万别的可能性，将事主置于不敢想又无法不想的长期困境。如果说死亡是短痛，那么失踪就像是长痛，在穷尽找寻的努力之后，在切换成"找到"或"死亡"之前，我们唯一能做的，就是用时间去对抗时间，让伤口自然地修复。我能理解朱老师为什么不愿意再养狗。

流浪地球

安柏然在新西兰时养的黑猫

主人：安柏然 Andy Boreham，在沪新西
兰媒体人、《上海日报》专栏作家、
纪录片制片人、B 站 UP 主
坐标：上海市静安区
宠物：中华田园猫，3 岁；中华田园猫，
2 岁

维：Andy 你好，大忙人，谢谢你接受我的采访。你是在什么时候开始养
宠物的？

安：第一次养猫是在我 6 岁时，和妈妈软磨硬泡，终于有了自己的猫。因
为时间太久了，具体细节已经记不清楚，但我从小就对猫很着迷，一
直想有自己的猫。我记得我还常常给宠物店和兽医写信，求他们给我
寄关于养猫的免费小册子或资料。每次收到邮差送来的包裹，读到关

于猫的资料，包括它们吃什么、可能遇到的健康问题等，我都觉得好兴奋。那个年代还没有互联网，我不得不用写信的方式来获取信息。

从那以后，我的身边几乎总有猫，直到 2012 年我离开家乡新西兰，到上海来进修中文。刚到上海的时候，我也不确定以后会不会留下来。如果你的生活还不稳定，养宠物不是个好主意，因为你负不起那份责任。

维：看来你一直是个"cat person"，那现在的猫是怎么来的？

安：这么一问，我就想起第一次在小区外的街道上发现丫丫时的样子，心里就会难过。当时它瘦成一把骨头，皮毛状况很糟糕，脸上全是伤口。一看到我，它就好像知道我是个爱猫的人，可以帮助它，就喵喵叫着朝我跑过来。

对流浪猫来说，这种行为是很少见的。它在我脚边摩挲，咕噜咕噜地叫，我才知道它不是流浪猫出身，它肯定曾经做过别人的宠物。小区里有个老阿姨，每天都在楼下喂无家可归的猫，她告诉我，丫丫才开始流浪没几天，以它的生存能力，可能在街上活不了多久。于是我做了个鲁莽的决定：带它回家。现在它又快乐又健康，所以我很高兴，那天它遇见了我。

维：小动物的求生欲很强，一眼就相中了你。刚才你说猫的名字叫丫丫？怎么想到取这个名字？

安：我现在有两只猫，都有中文名字。一只叫丫丫，它给自己的"猫设"是家中女主，如果我晚上回家太晚，它会在门口等着，用责备的眼神打量我，等我交代去哪里浪了这么久。收养它的第一个晚上，我带它去附近的宠物美容店洗澡打针，店主建议我叫它丫丫，我就愉快地接受了，觉得这名字很适合它。

我的另一只猫叫白素贞，因为……它是白猫嘛！老实说，我并没有读过《白蛇传》这个著名的故事，所以也不知道这个名字是否适合它。淘气的时候，我就叫它 Suey，感觉在这种情况下这个名字比白素贞更合适，而我叫它这个名字的频率也比较高！

维：话说猫的性格与你的性格有互相影响吗？

安：我之所以那么喜欢猫，主要是因为它们非常适合性格内向的人。人们总是说：如果你是个内向的人，就养猫；如果你是个外向的人，就养狗。我真的相信！我想这是因为猫通常不太需要被关注，也不会消耗我的精力，所以和猫住在一起是松弛快乐的。如果哪天我特别想静静，想呆在家里看书或写作，猫们也会呆在家里做自己的事情，或者围在我的身边。

相对来说狗更需要被关注，也要经常被带出去遛一遛，对许多内向的人来说，这就比较消耗精力。而且猫可以照顾自己，它们相当独立，就像我一样。所以对于我这个住在大城市，性格又内向的人来说，我和两只猫就成了完美的拍档。

维：两只猫都还小，所以你暂时不用去思考宠物寿命短于人类寿命的问题。

安：老实说，我尽量不去想这件事。失去宠物是一件很痛苦的事情，尤其是当你们共同生活多年之后。每天傍晚，当我结束紧张又漫长的工作，回到家坐拥它俩，偶尔会忽然想起，它俩并不会永远依偎在我身边……活在当下吧，一旦决定承担养宠物的责任，也不要想太多，享受在一起的每分每秒就好。

维：是的, 活在当下。你从新西兰"流浪"到上海, 猫猫从街头"流浪"到你家, 作为一个居住在异国他乡的外国人, 养宠物前需要想好哪些问题?

安：在你决定扮演宠物的父母角色之前, 必须仔细考虑几个问题：它们可能会活多久?自己在这段时间的生活是否稳定?

像我这样的新上海人, 一定要做好计划, 让宠物能一直待在你的身边, 因为让宠物跨国旅行可不是件容易的事。不要头脑发热地决定领养宠物, 这是重大的责任。我们应该对毛茸茸的朋友心怀感恩, 让它们过上稳定、幸福的生活。

维：你对猫的观察好细致, 有没有观察到它俩有什么特殊的习惯?

安：我的两只猫都有个可爱的怪癖：它们都很像狗, 喜欢玩叼东西的游戏! 我躺在床上时, 它们经常会给我衔来它们的玩具, 放在我的身边, 这是它们的表达方式, 意思是想玩叼东西的游戏了。这时我就把玩具扔出卧室, 扔进客厅, 看它们追着玩具跑, 然后把玩具叼回来, 再让我扔。

起初我并不觉得这有什么特别, 直到我在微信上发了一段视频, 所有看到的朋友都表示非常惊讶, 我这才知道这件事对猫来说并不常见, 而我家的两只猫都会这么做!我想白素贞是跟着丫丫学来的吧, 毕竟那是它的姐姐, 而丫丫又是从哪里学来的呢?我猜可能是它的前主人吧。

维：这样的推理很有道理, 也挺伤感, 不知道它的前主人会不会感到愧疚。像你这样对猫友好的人, 应该没有愧对宠物的回忆吧?

安：愧对宠物的回忆……倒没有, 不过我会胡思乱想, 想知道如果我没有从街上收养它们，它们的命运会怎样？就像我之前说的，丫丫当时的情况非常糟糕。它以家猫的方式长大，却突然被扔到街上自生自灭，能活多久呢？一只这么漂亮可爱的猫，就这样流浪在大街上，每次想到这一点我都会感到非常难过。白素贞在街上被发现时还是一只小奶猫，所以我常想，如果没有找到一个爱它的家，它今天是否还活着？我尽量不去多想那些不好的事情！

维：对，常怀正念。那么回到一个老话题，你认为养宠物的意义是什么？

安：养宠物的意义，我想是那句老生常谈：它们会成为你的家人，常年生活在一起，你完全掌握了它们的个性和怪癖，它们也熟知你的一切。对于生活在大城市，脚步匆匆又形单影只的人来说，宠物既给人带来爱意和温情，也让人的看护和照顾需求有了释放对象。有宠物在身边，你永远不会孤单。

维：概括得真棒。做你的宠物很幸福，那你还有没有想做却犹豫不决，或尚不具备实现条件的事？

安：有啊！如果我现在的猫能像我童年在新西兰养的猫那样，在户外自由玩耍、爬树、抓老鼠、追鸟，我就太高兴了！但在上海养猫，这些就不要想了。所以，我尽最大的努力给它们布置有趣的空间，尝试着模拟户外世界，比如，我为它们安装了攀爬架，让它们可以在墙上爬着玩，还有两个可以躲进去的小猫屋。我还买了很多盆栽和灌木放在阳台上，这样它们可以在绿色植物里钻进钻出，就像在户外那样。

对猫和狗来说，最好的事情就是可以随时在户外玩耍，但在大都市，这是不现实的。不过，我们仍然可以做些小事，让它们的公寓生活变得更有趣。

近年在各级媒体频频露脸、替中国公正发声的安柏然，私下却自评是个内向的人。自从十年前从新西兰来到上海，他的写作、摄影、导演、制作才华在这里——兑现，而中国也得到了一名难得的媒体全才。在上海这座深不可测的城市，流浪在街头的不止只是猫，还有来自五湖四海的无数游子。他们和这座城市彼此试探，暗中角力，当机会的球在面前滑过，他们就像安柏然的猫看见玩具，飞奔、跳跃，试图抓住迎面而来的好运。不过说到底，有情众生，谁又不是流浪到地球的过客？

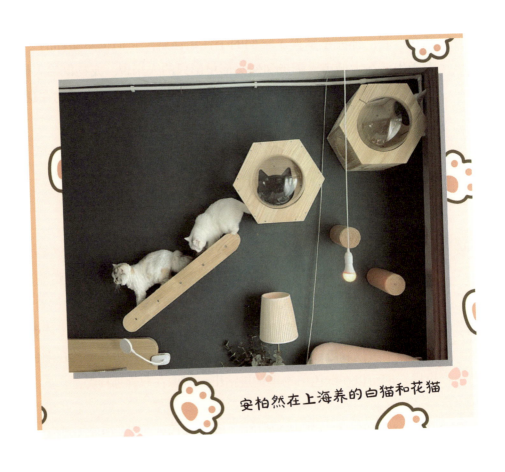

安柏然在上海养的白猫和花猫

152

守口如猫

玛丽亚的狸花猫

> 主人：玛丽亚，企业人力资源部门高管
> 坐标：瑞典斯德哥尔摩
> 宠物：狸花猫，7岁

维：你好，玛丽亚，你是我采访的第一个瑞典人。很高兴你能给这本访谈录带来北欧的声音。不知道你是否听说，"北欧风情"目前在中国很受欢迎。宜家自不必说，北欧的Lagom（恰如其分）生活态度也被越来越多中国人所了解和欣赏。经过多年步履匆匆的生活，这代中国人终于停下脚步，体会Lagom的美妙。其实这个概念对中国人来说也并不陌生，中国传统的中庸价值观就与它类似。

玛：谢谢，我不太了解中国的中庸，但我知道中国人也很喜欢吃小龙虾，和我们瑞典人一样。

维：哈，是的！记得我第一次听说瑞典人爱吃小龙虾时惊呆了，那可是我们的"国粹"啊，而且小龙虾是一种很烟火气的食物，很难想象几千公里以外，在那么寒冷的地方，有一群高冷的人也喜欢吃这种食物，而且吃的时候还要唱歌对吧？

玛：是的，每年8月瑞典都有"Kraftskiva小龙虾节"，边吃小龙虾边喝酒。

维：回到咱们今天的主题，在瑞典，养宠物的人多吗？

玛：多，瑞典养宠物的人非常多。从宠物的类型来看，猫又比狗多。在瑞典，常见的宠物包括猫、狗、兔子、鸟、鱼。有些外国人以为瑞典那么冷，离北极又近，所以马路上会有北极熊出没！这真是误解了。瑞典其实没那么冷，这里有春夏秋冬四季，虽然冬天日照时间比较短，但也不至于24小时都黑漆漆的，所以不妨碍人们遛狗。瑞典有大约150万只猫，90万条狗。养猫的人更多的原因是买猫比买狗便宜多了，而且猫也比狗更容易照顾。

维：瑞典人养的猫狗都是买来的吗？我知道欧洲在推行"以领养代替购买"，中国目前也有这种趋势。

玛：领养和购买都有。新冠疫情暴发后，就像世界其他地方一样，瑞典的宠物需求也快速增长，所以就算购买也往往需要排队。

瑞典还有一条法律规定：小猫必须在猫妈妈身边待满12周后才能被领养或出售，算是非常"猫道"了。

不管是猫狗还是其他动物，进入家庭后就是家庭一员。瑞典人对宠物照顾有加，会给猫狗植入芯片，买保险、接种疫苗，买营养食物和玩具，保证它们能够吃好玩好。

说到我家买猫的动机，是因为女儿7岁的时候状态不太好，为了鼓励她，我让她自己选一件心仪的礼物，她选了猫。正好家里其他人也喜欢猫，所以这件事就这么定了下来。

维：买回家后，这只猫很快融入了你家吗？

玛：是的，它和家人相处得非常好，但它是一只不爱宅家的户外猫，这就意味着它时不时会因为打架而受伤。到目前为止，我们已经去过四次宠物医院，在那里接受手术和药物治疗。除了费用不菲，还得花大量时间来清理创口，而它也不得不在治疗期间改吃寡淡无味的处方粮。

维：我理解为什么要买保险了，如果不上保险，医药费肯定特别贵。

玛：是的。不过养猫当然还是开心居多。我们每次外出度假，就请邻居来照顾它，或者送它去我亲戚家小住。等到我们回家，它不仅不怨恨，还会表现得特别亲昵，比平时更加俏皮可爱，而且特别黏人。这种时候就真觉得我们是一家人。

维：在你看来，养宠物的意义是什么？

玛：对于孩子来说，有宠物相伴是很好的成长方式，他们可以因此理解对另一条生命负责意味着什么，而不总是以自我为中心。瑞典人奉行Jantelegen（自谦法则——编者注），在社会上要懂得谦虚克制，不自我膨胀。对于孩子来说，从小照顾宠物，为它们喂食、打扫便溺，也可以让他们懂得照顾他人，而人们也确实从宠物身上收获了很多快乐。猫狗守口如瓶，从不透露秘密，你可以放心大胆地抱着它们说悄悄话。

维：对啊！守口如瓶这么重要的美德，做了这么多篇采访都没有人提起。猫狗是多好的倾诉对象，你觉得对着猫倾诉和对着神父倾诉，是不是有异曲同工之妙？

玛：虽然瑞典的国教是基督教，但这里的人去教堂并不那么频繁，所以我没法进行这样的比较。你尽可以对猫说心事，它不仅口风甚严，也不会对你的想法或行为说三道四。如果换做是人，不管是多么亲密的关系，一方的语言都很容易引起另一方的情绪波澜，造成误解和伤害；而如果倾诉对象是猫，不管你对它倾倒多少情绪垃圾，听完之后，它还能和你温柔地抱抱，差不多能抵得上半个心理医生了。

维：说到这里，我想起日本作家夏目漱石的小说《我是猫》，这是一部以猫的视角写的第一人称小说，书里的猫想替主人去打探情况、主持正义，可是即便掌握了全部底细，它的喉咙永远是猫的结构，不会说人话，没法把情报传递给主人。那么反过来想，人们尽可以放心对猫诉说心事，肯定比对着树洞倾诉好多了。

玛：树洞只是一个黑洞而已，猫有眼睛和你对视，哺乳动物的体温也和人类相当，搂着猫说话感觉比对着树洞好多了。

维：你做 HR，公司里掌握最多秘密又不能说的就数这个职位了吧？

玛：如果我要对着猫说心事，多半会和它聊聊心里的一些想法，大概不会和猫聊工作，哈哈。

维：明白，我们还是继续刚才的形而上讨论吧。中国的禅宗里有句话，叫"不可说，不可说，一说即是错"。大意是语言的表达往往不精确，也容易引起误解。有嘴不能说很郁闷，然而说了却没表达出真正想说的，或者对方的回应表明根本没听懂，也是说了个寂寞。

玛：有意思，西方也有类似的说法，哲学家维根斯坦就深深地怀疑语言的功用，认为这种工具只会造成本质混淆。这么看来，对猫倾诉的好处更确凿了，又能通过语言完成情绪释放，又不必担心语言的反噬。

维：这就是跨物种亲密关系的美妙之处了，猫有活体生命的表情、动作和声音，你可以对它毫无保留地倾诉，也无需担心任何后果。虽然相比高山流水的知音，这不是最完美的选项，但与生活中随处可见的一言不合一拍两散相比，也算得上中上之选了。

后记

英文里有谚语 Let the cat out of the bag，意为真相大白；而现实生活中，Cat never lets out a secret，猫永远可以为你守口如瓶。即便拥有高超的表达能力，人和人之间永远存在言语的误解，所以才会有"鸡同鸭讲""对牛弹琴""夏虫不可语冰"这样的说法，而人们在创造这些成语的时候，竟然不约而同都借用了动物来比拟。其实和有害的对话相比，很多时候我们更需要无害的听众，能够听你诉说，并且不泄密、不评判、不反驳。

（本篇采访以英文进行，后以中文成稿）

冲动是天使

安安

主人：Jessica 企业教练
坐标：上海市浦东新区
宠物：中华田园犬，1个月

维：Jessica 你好，感谢接受采访。听说你刚刚养狗？

J： 对，刚养两周，是条小母狗。对于养狗我没有任何的准备，直到那天
　　早上，我都不知道下午会领一条狗回家。

维：那是纯属意外了，是怎么发生的？

J：事情是这样的：我朋友家有个农场，那天他捕了几百斤鱼，诱惑我过去吃鱼。其实当天我还有些工作要做，但是他说你一定要来，于是我就和几个朋友一起去了。

到了农场，一条特别友好的大狗出来迎客，我就去摸摸它的头。平时我也喜欢到朋友家去撸狗，但我不是那种特别有责任心的人，所以从没想过自己会养狗。朋友看到我摸狗，告诉我这条大狗刚生了两条小狗，而且说小狗的外婆也怀孕了。当时我们就觉得特别逗乐，一家子都有爱情。

然后我们就去吃饭了，喝了很多酒。一顿中饭，从早上10点吃到下午3点。酒足鱼饱，准备告辞了，农场主朋友出来送客。只见他一手一个，把两条小狗托在自己手臂上，跟我们告别。就在那个瞬间，我伸手去摸朋友右手臂上的小狗，也不知道怎么了，就开口问他："能送给我吗？"他说："可以呀，农场里也不缺狗。"我抱起那条狗，一瞬间我就感觉它是我的，脱口而出帮它取名叫安吉拉，中文名安安。就这么抱回来了。

维：我一直觉得，真正的好事就是这么从天而降的。

J：不过回到家之后呢，事情就出现了变化。老公看见我抱了条狗回来，非常生气，表情严肃地说，怎么没和他商量就抱了一条小狗回来。我老公平时是脾气很好的一个人，但那天他真的很恼火的样子，质问我说："你知道吗？养一条狗是24小时的责任，你怎么能随便带回来！"还说了好多，具体我也不记得了，反正就是排比反问一串串。那我肯定也要反驳，我说养条狗能像你说的那么麻烦吗？我把儿子都养大了。但他很认真地跟我说："你既然带一条狗回来，就要24小时负责，听到了吗？这不是我

160

们其他人的责任，是你的责任。"然后他就摔门出去了。

维：这时候你害怕了吗？

J：有点怕了。我老公出去后，我冷静下来，就想起我妈也特别怕狗，我儿子小时候曾经想养狗，但是我老妈说家里如果有狗，她就要搬出去，说她看到狗就特别害怕。这时我真正慌了，已经领养了也不好意思退回去，但是家人不支持，家里狗粮狗笼什么都没有，我也没有经验，连狗吃什么都不知道。

维：那看来好事还是得磨啊，我刚才说错了。

J：听我讲下去。过了一会儿，我老公从外边回来了。手里拎着一大袋狗粮，还有狗的羊奶粉、奶糕等。

维：原来是这样，好温暖！你老公是个典型的上海好男人。

J：新西兰男人，哈哈，我老公是个新西兰男人。所以他刚才摔门而去，其实是到楼下的宠物店去买适合幼犬吃的狗粮，因为安安还只有一个月大。

那天晚上我本来还有个小型的表演聚会，我都准备好行头了，但我老公把我拦下，说我不能去。他说，"你既然把狗带回来了，今晚你就不能出去。"但是他又说，"你今晚必须做一件事，就是必须去楼下的宠物店上课，了解四周大的小狗应该怎么护理。"所以那天晚上我突然意识到，自由从此被剥夺了。因为我是最喜欢自由的一个人，这下心情就变得很复杂。但这件事是我做的，自己领的狗，哭着也要把它养完。于是当晚我就到宠物店去上课了，接受了一些最基本的教育。

维：这个其实蛮有意思的，就是中西合璧家庭的养宠经历。确实，西方人把宠物看作家庭成员。我们看到西方的宠物都很听话，但这只是表面，我们没有看到的是主人在背后的付出，这个我在采访其他宠物主的过程中也有体会。因此你老公才把这件事看得太重，不敢轻易尝试，有点像"近乡情怯"那种感觉，"近狗情怯"。反倒是你，觉得 what's the big deal? 领回来就领回来喽，也没想那么多。所以你俩的心态反差蛮有意思的，你是大大咧咧抱回来，但是没想太多；而你老公其实非常深情也非常负责，嘴巴上骂你，实际上立马就去买狗粮了。

J：所以对于你的第一个问题，我准备了多久？我是完全没有准备。因为我本身是个冲动型的人，我买房子也是很冲动的，十分钟搞定，领养小狗也是。

维：可以继续聊聊异国夫妇对宠物态度的异同，如何在磨合中走向共和，在这个过程中，中年夫妻的精神共振与进阶。

J：好的，不好意思稍后再聊，安安需要我陪它玩一会儿，它才能安睡。
（采访中断 25 分钟）

维：狗睡着了？我刚才翻了翻你的朋友圈，儿子很大了是吧？你觉得安安这时进入你家，是不是最好的时机？

J：睡着啦。我为了让小狗睡觉，也试了不同的方法：给它听催眠曲；听杨定一的禅坐。我每次放杨定一的禅坐，一般放到七八分钟它就睡着了。我儿子是个搞音乐的孩子，住在离我们不远处的一个小公寓里。他小时候一直想养狗，但是除了外婆坚决反对，我老公也一直跟他讲，你要养狗就必须自己照顾。每次说的时候，我都在一边当个旁观者。这次我把狗带回来了，我儿子眼睛里真的闪闪发光，开心得不得了，好像是完成了一个梦想。而且他还很轻松，因为知道养狗的责任是在我身上。每天他都会过来撸撸狗，那种柔软的感觉啊，就像小爸爸抱着女儿一样。

维：经过这轮实操，这个小爸爸以后真的养了女儿，肯定驾轻就熟。

J：哈哈。还有我觉得蛮有趣的是，我当时帮小狗取名"安安"，其实没有过脑子。后来发现，它的到来真是踩在最好的时机。我父母跟我住在一起，我爸爸已经生活不能自理了，我妈妈的脾气又很倔，所以之前我跟她的关系一直很紧张。没想到安安来了以后，老太太一点儿都没她之前声称的那么怕狗，反而是全身心地爱安安。现在她每天都笑眯眯的，和安安玩得很开心，还每天教它一个小技能。她本来就是小学老师，这下发挥余热，老有成就感了，比她在自己的女儿和外孙身上的成就感强多了。这下子，我们家原先那丝小紧张也没有了，安安真的给我们家带来了安宁。

然后说到我老公，他是特别爱动物的一个人，但是他又把责任看得十分重大。所以我看到他会自觉保持距离，好像怕跟安安一接触，就会情不自禁爱上它，所以刻意保持距离。但我知道他心里是爱它的。安安来的第一个星期，因为不熟悉新的环境，我就每天陪着小狗睡，他很支持，但也没帮什么忙。到了第二个星期，因为我老公知道我喜欢睡懒觉，早上四五点跟着狗起床真的蛮累，所以他就每天早起喂狗遛狗，然后再去上班，晚上回来第一件事也是陪狗玩。

不过他虽然做了这些事，但还是有意跟安安保持现有关系，不继续突破。他希望我也能承担起责任。

而我也在成长。安安来的第一个晚上我几乎没睡，因为小狗刚到新的环境，到处拉屎到处叫。它半夜里一叫，我就担心老公睡不好觉会影响第二天上班，所以我就去陪它睡，一边抱着它一边看小红书上的养狗视频，增长知识。

维：你看多好呀，安安来了之后，把你家的各种关系都给盘活了，母子关系，夫妻关系，母女关系，祖辈和孙辈的关系，全部都盘活了。

J：对，尤其是跟我母亲的关系。因为我们家的夫妻关系、母子关系其实都特别好，但是有了安安之后，我妈每天都有笑声，让我的内心也更安宁了。原来总要和她闹别扭，自己心里也不舒畅，现在听到她每天和声细语，感觉安安是在替我行孝。过去我们家经常坐在一起聊形而上的话题，现在有了安安，话题就变成它的吃喝拉撒，家里的所有人都可以加入聊天，一家人都很开心。

维：聊吃喝拉撒也是另一种禅定，吃喝拉撒和形而上并不矛盾。安安补足了亲情关系中最后一块缺失的拼图，你家亲密关系的版图因为它的出现完整了。虽说领养安安是头脑冲动，但这份冲动不是魔鬼，这份冲动是天使。

J：是的是的，你说得特别对。所以一开始我叫安安 Angela（意思为天使——编者注），冲动是天使。安安的到来，一定是一种安排。

维：说起来全家都要感谢你的冲动。老公要感谢你的冲动，帮他了却不敢尝试的心愿；儿子要感谢你的冲动，帮他实现儿时的梦想；老妈要感谢你的冲动，让她找回充实快乐的自我；你也要感谢你的冲动，给自己学习新知的机会，也造福了家人。

J：谢谢！你是很棒的采访人。

后记

这是一次非常愉快的采访，除去中间哄睡安安的 25 分钟，整篇采访只用了不到一个小时，流畅得就像一场瓜熟蒂落的顺产。所以我又要收回上面对自己的修正：好事多磨不过是种自我宽慰，真正的好事就是这么从天而降。

Jessica 儿子和安安

165

心病

果冻

主人：小夏，自由职业者
坐标：贵州人在苏州
宠物：柯基，4 岁半；柯基，5 岁

维：你好，小夏，最近苏州的疫情还好吗?闷在家里，不如就来聊聊你的宠物吧。

夏：谢谢，苏州管控得还不错。

我有两条柯基，名字分别叫果冻和 LCC。今天我就讲讲果冻的故事吧。

我是在 2018 年 3 月，也就是果冻 7 个月大的时候，从一个宠物群里知道了它和它的前主人。前主人在群里说：果冻得了心脏病，时日无多，而他刚毕业，没有时间也无力负担医疗费用，所以打算给狗找个合适的领养人。我们在微信里聊了很久，我感觉他是很爱狗的人，也真心想给狗寻找更好的出路。虽然群里有质疑他的声音，但我还是付钱领养了它，让狗从重庆坐飞机到上海，再把它接回了苏州。

维：你当时自己也毕业没多久吧?收养这样一条狗对你也是很大的经济负担，这个有想过吗?

夏：我很早就没有上学了，所以收养它时，手里已经攒了十多万元存款。虽然不和父母同住，我也问了我爸爸的意见，他说你觉得能负担的话，就带回来吧。这句话给了我很大的鼓励。

维：父亲很开明。能说说你从小的成长环境吗?特别是情感和陪护方面?

夏：我的父母都在外打工，小时候我做过几年留守儿童。不过我比较幸运，小学2年级就回到父母身边了。我还有两个姐姐，相对来说，姐姐们的童年比我辛苦得多。小时候也是她们照顾我比较多，但我们家总体的氛围还是挺亲密的，父母之间的感情也很好。

维：我之前不知道你有这段留守儿童的经历，也不知道你父母外出打工，现在知道这个背景，觉得真是找对了受访人。因为在采访了众多城市中产阶级后，我也感觉有些单调，所以很想聆听来自其他群体的故事。

夏：其实在收养果冻之前，我还领养过另一条柯基，领养不久后狗生病了，我也给爸爸打了电话。在电话里我说着说着就哭了，我爸就告诉我，带狗去治疗，治不好就当钱丢了。他怕要是我再把狗送还回去，没人带狗去治病。

维：这点很让人动容。从你爸爸的话里，能感觉到你们的家风还是温暖有爱的，对于花钱甚至比很多有钱人更洒脱，虽然是普普通通的异乡打工人。或许也是异乡打工的经历，更让他能触摸到人间冷暖。

夏：他可是我见过最能气人的老头子了。我一句话不对，他能拉黑我两个月。

维：这不矛盾，有原则的偏老头，但是也有柔软的一面。

夏：是的，这点我也认同。说回到领养的事。领养了之后，我带狗去苏州的宠物医院检查，也证实了狗确有心脏病。检查报告上写：二尖瓣轻度返流，肺动脉轻度返流。建议吃心脏处方粮。治疗费加处方粮，前后花了不少钱。我可能也遗传了老爸的脾气吧，对于花钱也看得开，就当果冻是用它的身体替我挡住了霉运，而把好运气都留给了我。

大概在我领养果冻的三个月后，前主人有天在微信里告诉我，他花18000元买了一只新的小狗。当时我心里就咯噔一下，才过几个月就花这么多钱买新狗，那他应该不是出于经济原因弃养果冻。但是真正证实这个想法，还是在三年之后。

当时果冻已经吃了很久的心脏病药物，但脖子又出现问题，所以我那段时间一直带它去宠物医院看脖子。正好前主人出差到了镇江，说要来看看果冻。

我当时心里有点矛盾，因为他没多久就买新狗，我已经对他的人品有质疑了，但是想着他也有三年没见过果冻了，我也不能剥夺他探视果冻的权利，毕竟他也曾经养过它七个月。当时我也没车，就租了辆车，带着狗从苏州开去镇江接他。今天想起来，这是一个让我后悔的决定。

一路上我开着车，也想过他们重逢的画面。想着他或许会带点东西来看果冻，而果冻见到原来的主人，也会有点激动。但是真的见了面，情况和我想的一点儿都不同。我把狗绳交给他，他都没有蹲下来摸摸狗，而狗看到他，变得躲躲闪闪。养过狗的都知道，狗见到喜欢的人会摇尾巴。当时我走在前面，他牵着狗走在后面。我就感觉到狗在奋力往前冲，好像要挣脱绳子回到我身边。我也没有多想。到了苏州，作为东道主我请他吃了一顿饭。说实话到现在我都觉得这顿饭是在浪费我的钱。他在饭桌上从头到尾都在聊钱的事，没有过问果冻一句。吃完饭我就送他回酒店了，然后在去酒店的途中，又发生了一件让我愤怒的事。

当时我在开车，他和果冻坐在后排。想着就要分别了，让他们再最后亲密一下，我还给他一罐冻干肉让他喂。半路堵车了，我回头看了果冻一眼，它居然被踩在脚下：身上是那罐没打开的冻干肉，和前主人的一只穿皮鞋的脚。我忍住了，没骂人。他下车后，我马上就把果冻抱了过来，眼泪止不住地流。他所谓的爱狗，都是假的吧！

维：刚才我说你父亲的倔强和温柔不矛盾，但这位的言行，前后反差实在太大了。他在你面前这样对待狗，难道不会觉得难为情吗？

夏：他全程嬉皮笑脸，很轻蔑的样子。但是后来我知道，除了踩狗之外，他对狗还有其他的虐待。有一次他和我聊天，正好看到果冻在翻垃圾桶，他说，狗犯了错误，要教育，吊起来打！我以前就是这么打的，把它便便都打出来。

维：这样对待狗的人，也许自己的内心也经历过煎熬，才会对自己受过的虐，用这样的方式去寻求释放。可怜之人必有可恨之处，可恨之人大概也有可怜的过去。我这样说并不是在为他开脱，我想你能理解。

夏：嗯。果冻除了翻垃圾桶，还有个习惯，就是喜欢玩自己的大便。开始我以为就是个坏习惯，不过跟前主人聊天后，我才知道为什么会这样。简单地说：它不玩大便，就没东西玩。前主人和我说，他喜欢喝酒，可以从重庆一路喝到周边县市。喝大了，经常第二天甚至第三天才回家。这就解释了果冻为什么喜欢翻垃圾桶：那是在觅食；为什么喜欢玩大便：因为没人陪。还有一点，我就不清楚是因为心脏病还是前主人的施虐后遗症了：只要我口气稍微凶一点，它就害怕得瑟瑟发抖。

维：我现在开始担心起他花 18000 元买的新狗了，为它的命运感到担忧。

夏：去年三月份，因为脖子的问题，我给果冻做了全身检查，包括核磁共振。我再次问到心脏病的问题，医生告诉我：心脏没事了。老实说，这三年多我遇到很多庸医，也花了很多钱在心脏病上。当初医院说只能活到 5 岁，现在也不这样说了。到底是医疗起作用了，还是原本就没有心脏病，我已经不想追究了。

走出医院的一刻，我给它的前主人发了一条信息，告诉他果冻已没有心脏病，然后删除了他。

后记

心脏病其实是心病，要不然怎么会有"气出了心脏病""吓得心脏病复发"这样的说法呢？不管真相究竟如何，我更愿意相信，小狗果冻是被前主人的冷漠与粗暴对待吓坏了小心脏，好在这也成了它命运逆转的关口，继而进入了有爱的新主人家中。心病消失，心脏病也就痊愈了。至于它的前主人，希望他也能被岁月温柔对待，迎来痊愈的一天。

果冻

送子参军

主人：Tina 包装印刷企业主
坐标：杭州市钱江开发区
宠物：马犬，4岁（现役警犬）

维：你好 Tina，很高兴你接受我的采访。

T：谢谢。我的狗叫辛巴，是条很特别的狗，虽然现在它已经不在我身边了。

维：狗去哪里了？

T：参军去了，是我自己送它去的。我给你看看辛巴的视频吧，这是它在基地训练的样子，这是它以前在我身边时的样子。

维：（看视频和照片）哟，黝黑精瘦，眼睛又大又亮。

T：对，它是条马犬。说起来，这条狗也不是我自己主动去养的。我们厂里有个很年轻的小伙子，他的朋友要送他一条狗，他就来问我，可不可以养?我立刻就回绝了。我告诉他，养狗是很需要时间精力的，你没有这些条件来养狗。他不服，说他一定会养好。那我就说，你要是养了就不能丢。他跟我保证一定不会丢，求我让他养。那个小伙子住在厂里，狗肯定也是养在厂里，我就再一次跟他说，你一定要想好哦。其实说这些也没用，我已经知道他是做不到的。但是他也不听我的，还是把狗给带回来了。

维：然后养狗就变成你的事了。

T：没错啦。从带回来那天开始，狗就成我的狗了。那个男孩把狗带回来后就和我说，你帮我养一下啊。我说，不是你要养吗?他说，你帮我喂喂，帮我养养，我不会弄。

维：你绝对可当选最佳雇主了。

T：反正所有的事情，买狗粮、看病、打针，都是我的事了，他就是过来看一看，玩一玩。

维：这狗看着那么野，应该不好养吧?

T：嗯，会咬人呢。因为咬人，被我骂了好多次。为什么咬人呢?因为它的领地意识特别强。而且谁的话都不听，只听我的话。只要我在，喉咙一响，它就能听懂我的指令，从 2 岁开始就这样。大家都说边牧聪明，我觉得其实狗不能去这样比。动物不存在聪明或者不聪明，智商高或者低，其实就是看它的服从性好不好，并没有那么明显的智商高低。它们也和人一样，有的狗就是不想理睬你，懒得理睬你，并不是它们不明白你的"旨意"。如果你把动物关起来，从小用根链子拴着它，那它的脾气肯定暴躁，不合作，你说是不是这样？

维：那是，哪里有压迫，哪里就有反抗。

T：这狗说是要咬人，其实也不是真的去咬。如果它真咬的话，就凭它的一嘴狼牙，肯定早就把人的腿都给咬折了。但事实上，它每次咬人都没有咬出血，就是冲过去张了张口。我们办公室门口经常会有些临时工进进出出，这些人说话声音比较吵。每次临时工一来，它就特别兴奋，觉得这可不得了了！来这么多陌生人，于是张口就咬。

有一天，我刚从外面办完事回来，还没走进办公室门，就看到两个女同事在走廊上跟它搏斗。一个在前面拉住它的脖子，另一个在后面抱住它的腿，两人嘴里喊着："快一点，抓住它！它要出去咬人了。"我就走过去，冲着它喊："你找死啊！要被打了。"它马上身子一缩，头低下来，眼睛也不敢看我，跟在我身后笃笃笃地走回办公室。

维：所以它觉得有事情时要有所表现，目的还是想做贡献。

T：它就是一看见陌生人出现，觉得自己要有所作为，要立功。如果是熟悉的人，比方说我们办公室的人，它就不会这样横冲直撞，但是它也不会跟你摇尾巴，它理都不理你，就是这样子。

维：看来它唯一服从的就是你了，你拥有对它的最终解释权。

T： 可能吧。它小时候喜欢在厂区里玩，经常喊它也喊不回来，就像小孩子一样。有时候我火大了，就过去一把抱起来，直接扛上楼。但是真的扛起来了，它也不会拼命挣扎，这个时候它还是懂的。

维：我听听都觉得累，有没有上过什么工具制服它？

T： 别提了。所有的链子我都买过了，就怕它跑出去闯祸嘛。无一例外地都被它搞断，连铁链子都搞断。我还没发现能关得住它的东西。木头笼子，塑料笼子，两下就被它搞破了。我还买过一个巨贵的铁笼子，它就偷看那个阿姨是怎么关门的，看了两次它就会了。

维：完了，体力那么好，智力也不差，一般人真做不了它的对手。

T： 我说要打它，但其实从没打过它。这样的狗是不可能养在家里的，也就是工厂地方比较大，楼顶上有几千平方，可以让它在那里跑啊玩啊。不过你别看它长这样，其实它心里很懂的，知道我对它是最好的，所以在我面前就像个小孩子一样，会跳到我身上来。它后来其实长得挺大了，但还是会跳到我身上，跳到我办公桌上。说起来，马犬是真厉害，它可以跳上三米高的院墙。

维：那后来怎么送去当警犬了？

T： 它后来越长越大，整天不是咬人就是咬狗，干了无数的坏事。工厂这里来来往往的人太多了，很多人非常讨厌狗，尤其像它这样的狗。有些人会偷偷地做些很无耻的事，比如下老鼠药。我每天都在担心这种事，最后下定决心，送去基地了。唉，就像送儿子去参军。

维：还真是呢，你这个比喻太生动了。你就差在它背上刺"精忠报国"了。

T：刚到警犬基地那会儿，也不安生。前后换了三个训导员，最后是被那里的训导组长给训好了。现在据说表现很好，我去看过它两次，后来警犬基地就不让我去了，说等到退役了再看吧。

我现在经常拿出视频看，非常想它……这个犬种，没办法。

维：我倒是觉得，好男儿志在四方，它这是去保家卫国，你应该感到很光荣。

T：那倒是。它现在住的房子很高级嘞，有一室一厅，还有一个阳台。外面又有很大的空间给它跑啊跳啊。基地里面的生活还是很好的，每天有训练，吃得也很好，每顿饭有标准，好像是60块钱。如果生病了，也有专业的兽医管着。我想，它这辈子也算是没白活了。

维：多好啊，学会那么多本领，还能够协助警察除暴安良，也是极少数的狗能够拥有的经历。

T：是的。我就希望它在基地好好工作，好好生活。等着将来退役了，我们再见面。

维：这么说我都想起了《十五的月亮》……

T：等它退役吧。估计到那时候，它也老了，体力也没有那么好了，我还能管得动它。

后记

　　采访结束，虽然我没有看见辛巴本尊，但可以轻松地脑补出它的矫健身手：想象它在工厂楼顶独自飞奔，或是飞身一跃跳上三米的院墙。作为一条马犬，拥有戎马生涯应该是最高的礼遇。辛巴是个幸运儿，能在青春年华为国效力；及至退役，还有亲爱的妈妈在等它回家。到那个时候，家里的门楣应该挂上"光荣之家"。

辛巴和 Tina

在法国，80% 的主人像宠物

兔奶奶嘟嘟二世

主人：吕女士，大学教师
坐标：祖籍福建省泉州市，2003 年起定
　　　居法国波尔多
宠物：兔子，10 岁

维：吕老师下午好！今天是元宵节，我们这里已经晚上 10 点了。

吕：晚上好！刚才瞄了一眼天气预报，我们这里今天下雨，7~9 摄氏度。波尔多的冬天一直湿漉漉的，有时候下暴雨，有时候下小雨，大部分时间是阴天，少数几天会有太阳。比起法国北方的城市已经算很好了。

维：原来波尔多的冬天这么阴冷，我还以为酒乡的气候温暖而干燥呢。我们今天来聊聊宠物，听说你养了只兔子？

吕：是的。说到兔子，最早接触兔子还是在读大学的时候，算起来已经将近三十年了。我们隔壁宿舍住着法语专业的女生，我和她们比较熟。当时

179

并没有想到我以后会来法国，而且一住 20 年。其中有个北京的女生养了只兔子，毕业后她就把兔子留给了我。那是一只挺大的兔子，名字叫嘟嘟。

很多年后我在法国住了下来，有一次就把这件事讲给我先生和儿子听。我讲的时候并没有想再养兔子的意思，当时我孩子还小，也没有家人朋友在身边，整个人的状态是既操劳又寂寞。

可是儿子 4 岁那年的母亲节，在我没有任何思想准备的情况下，父子俩竟然从宠物店买了只兔子回来。他们认为这是给我的一份惊喜，也期待我有惊喜的反应。

可我当时的感觉却是：完了，我又要肩负起照顾另一个生命的重担。因为我当时已经被照顾儿子的重担压得喘不过气来了，好不容易养到 4 岁，又给我来一个？所以就以并不是很欣喜的心情接受了这只兔子。

我也就没有给它起另外的名字，就还是叫它嘟嘟，所以我养的兔子总是叫嘟嘟。嘟嘟的法语写作"doudou"，在法语里还有这样一重意思，指的是小朋友睡觉时抓着的公仔、毛巾、妈妈的衣服。我想小兔子也软软的，那就叫它嘟嘟，一方面是因为以前在国内养过嘟嘟，另一方面也是因为它是暖暖的能够安慰人的东西。

维：这种法式浪漫也是有点哭笑不得。

吕：你说得对，是有思维差异。我只是分享以前的故事，并不想继续养兔子，但他们就觉得：哎呀，这只兔子在你生命中占过重要的位置，所以为了让你能从现在的生活中找到一些过去的影子，就买了兔子给你。结婚十多年了，生活中有很多这样的误会，到后来也就懒得去解释了。

我家这个"嘟嘟二世"是母兔，长得固然是很可爱，但是小时候也是很调皮，在屋子看到线就啃，把我们家 WiFi 和手机充电器的线都咬断过，也给生活造成了一定的困扰。

兔子也很少有睡着的时候，总是很警觉。但是随着时间流逝，小兔子长成大兔子，到现在已经是 10 岁的兔奶奶了。虽然从外表看并没有太多的改变，但它不愿意再跳出笼子了。有时候把它抱出来，它也是伏在那一动不动。最近这两年，我有时看着嘟嘟趴在笼子里的侧影，就会想起我的外婆，那种很寂寥的样子。记得外婆以前总是坐在阳台上，独自坐在那儿晒太阳，也不知道她在想什么。嘟嘟也是，独自趴在笼子里，也不知它在想什么。所以我看到嘟嘟，就会想起我的外婆。

维：你说它的侧影像外婆，可能动物和人都会有老态，虽说动物的老态并不是表现在外形上，但是它的姿态、眼神就会流露出老态。你看到它想到外婆，可能也是因为自己在异国他乡一晃 20 年，对时间和空间有特别的感悟。

吕：我确实是看着嘟嘟变老了，从小兔子变成老兔子。它的衰老仿佛是人类衰老的加速模拟。这 20 年我也从青年变成中年，现在又奔五。心挂两国让我常常觉得累，感觉自己也在变老，就像嘟嘟一样。

维：记得我们以前读书时有一首歌："我能想到最浪漫的事，就是和你一起慢慢变老。"慢慢变老倒是真的，但是没觉得这个事情有多浪漫。

吕：这种歌都是骗骗小年轻的，而且浪漫的背面一定会有很多不浪漫的事，还记得我刚来法国时，走在大街小巷，一不小心就会就踩到狗屎。

维：这句话解开了困扰我十多年的一个疑问。20 年前我去巴黎，在圣心大教堂那儿拍照。圣心大教堂很漂亮，白色的建筑映着蓝天，周围很多画人像的街头艺术家，但是每次我想起这个画面，伴随的嗅觉记忆就是一股尿骚味儿。当时我就纳闷，为什么法国人这么不能憋尿？现在我明白了，是法国狗不能憋尿。

吕：法国人也不能憋尿，尤其是流浪汉。法国街头有那种半堵墙的男厕所，你可以看到人的头和脖子，但看不到腿，因为墙把腿给挡住了。法国有不少这样的厕所。真的，你闻到的不一定是狗尿，虽然也有狗尿在里面，但确实有人的尿，你的嗅觉还是很准的。法国人对于男人随地小便没什么禁忌。

维：上次约你做这个采访时，你说在法国，80% 的主人像宠物，的确如此吗？

吕：之所以说法国人长得像他们的宠物，我真的是经过长期观察，而且可以随时印证。这主要是指人和狗。在路上看到一个人牵着一条狗，你先看那条狗的发型，比如是中分头；再去看狗的鼻子、嘴巴是什么形状；最后再看它的主人，你会发现他们长得真是很像。也不知道是主人专门把狗打理成自己的样子，还是主人按照狗的样子去打理自己。可能在挑选小狗的时候，他们就在按照自己的样子去挑狗，所以从那一刻开始，基调就定下来了。后面在一起生活得越久，就长得越像。

我的法国婆婆就是一例。她是个爱动物如命的人，记得我第一次去她家，看到家里养了两条大狗，跑起来威风凛凛，尾巴甩得就跟马尾巴似的。那两条狗也非常爱表达感情，早上会想尽办法钻到我房间里来，用它们的大舌头舔我的胳膊，直到把我舔醒。后来我仔细看了我婆婆跟狗的发型，哎哟，真的很像。

后来她养的狗相继离世了，每走一条她都伤心得不得了，所以后来就改收养流浪猫了。现在她家养了七只流浪猫，占据两个房间，我们过年放假时回去，一家三口只能挤在一个房间里，因为另外两个房间是猫住的。你也可以说法国人很爱动物，也可以说法国人活得非常自我，有时候让中国人受不了。不过再想一想，毕竟他们是在自己的国家、自己的家，爱自我就自我去吧，我们也没资格评价。

维：法国人养宠物的比例是多少？

吕：我搜一下数据……这是 2020 年的 11 月份的一篇文章，说到 50% 以上的法国人都养宠物，还有 18% 考虑养宠物，猫和狗是法国人最爱的宠物，而法国人最喜欢的动物是猫、狗、马、海豚。我今天刚听说，我小叔子买了一头驴，我也很想知道拿驴当宠物是什么感觉。应该说法国人的生活环境跟动物的联系还是非常紧密的，法国其实也是很大的农业国，有很广袤的乡村，如果想去乡下买房子，很多都带很大的花园，甚至想买个小树林都没有问题。在一定程度上，法国人离大自然确实比很多中国人更近。

维：你养的宠物是兔子，所以我还有这样一个疑问：为什么兔子在儿童文学世界里所展现的形象，跟它们在现实中的形象反差比较大？儿童文学作品当中的兔子都是直立的，兔妈妈很慈爱，小兔子很聪明，但是现实中的兔子好像很难和人有猫狗这样的互动。

吕：兔子的象征意义可能来源于西方的复活节，兔子是复活节的象征，代表着春天和繁衍，所以在西方文化里，春天的女神就是一只兔子。很多文学作品也脱胎于宗教故事，所以在西方儿童文学中，兔子的形象非常普遍。现在中国的很多绘本也是从西方译介过来的，所以兔子的这些形象也为中国孩子所熟知了。

我家这只兔子的生命力还是挺顽强的，三年前它做了手术，活到了今年已经十岁了，算是长寿兔。但是我经常在想一个问题，它到底知不知道我们爱它呀？因为它不像猫狗这样会表达，所以它到底知不知道我们爱它？这就是养兔子的困扰。

维：我也不知道。我女儿小时候有一个绘本，叫做《猜猜我有多爱你》，是母兔子和小兔子关于爱的对话。既然以兔子为原型来讲爱的故事，我们就当它是知道的吧。

吕：我也告诉自己，就算它不怎么和人互动，它毛茸茸的温柔样子本身就是一种慰藉。兔子很安静，不会发出叫声，你偶尔忘了它，它也不会怪你。对于一些宠物主人来说，也许只要一个安静的伙伴，陪伴于同一个时空，就已经足够了。

后记

在我采访的30位宠物主人中，吕女士是唯一的养兔主人，并且把兔子从小宝宝养成了兔奶奶，尽管这场缘分起源于一场误会。其实就算没有文化差异，人与人之间的误会也无处不在，人与动物之间的误会也会无处不在。换个角度，误会也可以被看作是一撮香料，给按部就班的生活带来朵朵浪花，让平淡的日子变得不那么无趣。法式灵犀到底还是浪漫的。

幸福的不同形态

Cookie 和 muffin 一起躺平

主人：心平，私营企业主
坐标：美国亚特兰大
宠物：金毛，10岁；田园猫，11岁；
田园猫，15岁

维：心平晚上好，虎年吉祥！

心：早上好，新年吉祥，万事如意！

维：你是到了美国才开始养狗，还是在国内就养过狗?

心：我外婆家养过狗，我爸妈家养狗，我姐姐家养狗，我哥哥家也养狗，
所以我对狗一直不陌生。我小时候还听过关于狗的神奇故事，比如，
我外婆家的狗要生小狗崽了，我外婆跟它讲："千万不要生在佛堂，
去厨房生，我已经给你准备好了被窝。"到了生产那天，狗就真的在
厨房的狗窝里生了一窝小狗崽。

到了美国后，我发现这里家家户户都养狗，我们家小孩也特别喜欢狗。小朋友到学校去，老师会问："家里有什么宠物啊？"我女儿说，"家里有九条金鱼。"虽说她也挺自豪，但总归还是有一点点失落，很希望能有一条狗。

维：对，你这一说我想起来了：原版的儿童英语绘本里，经常会有宠物的内容，这就是西方生活的一部分，所以老师这么问也是基于国情。

心：是的，我正好也很喜欢狗，所以就开始上网查。我想，养狗的责任很大，所以一定要养自己很喜欢的狗，颜值很重要。最后，锁定了金毛。一开始，我们去金毛的 Rescue Club 登记领养，结果在那里排了一年队都没领养到。我这才发现金毛非常热门，在美国根本不需要救助。在这种情况下，我就准备去买一条金毛。我做了很多研究，排除了比较容易生病的族谱，最后买了 8 周大的 Cookie。

维：为什么取名叫 Cookie，曲奇饼干？

心：因为金毛是人见人爱的品种嘛，那甜点也是大家喜闻乐见的东西，所以就取名 Cookie，感觉很符合我家小金毛，都是大家喜欢的东西。现在它已经 10 岁了，真的给一家人带来了很多欢乐。有时小朋友放学回家心事重重的样子，但是 Cookie 冲出来那一刻，他们的脸上立刻从乌云密布转成晴空万里。

当然，它刚来的时候也很皮很闹，有段时间，邻居小朋友一看到它，语气里就带着一丝责备，于是我们就带着 Cookie 去参加每周一次的培训班。培训班里教的内容很基础，老师会布置作业。但我那时工作很忙，老师布置的第一次课后作业被我忘记了。到了第二周上课前突然想起来，赶紧带它到后院临时抱佛脚。结果，那天 Cookie 一到培训学校就睡着了，现在想起来觉得很好笑。

维：狗也会躺平。

心：是的，躺平蒙混过关。现在它 10 岁了，安静了很多，也非常听话和懂事。三年前我又去领养了两只猫，黑猫叫 Muffin，黄猫叫 Egg，都是跟吃的有关。那两只猫以前是流浪猫，年龄跟 Cookie 差不多。领养机构问我，家里有狗吗？原来他们是怕狗容不下猫。我说，有条金毛，他们说，如果是金毛应该没有关系。两只猫到了我家以后，Cookie 果然跟它们和平相处。不过它们刚来的时候有点怕 Cookie，但是 Cookie 不知道猫怕它，它对猫的友好表示就是去追猫玩。猫看到狗来了就逃，猫逃了，狗就更开心了，更要去追。一个逃，一个追，猫吓得爬上了树，盘在树上老高老高的地方，Cookie 就在树下叫，猫就更害怕了。

维：误会真是无处不在。

心：等猫熟悉了环境以后，就反过来要欺负 Cookie。我们给 Cookie 喂食的时候，猫会过去盯着它的碗，然后 Cookie 就不敢过去吃了，像个做错事的小孩一样低着头。我家小孩就问我："妈妈，它难道不知道自己长得很大吗？"

另外还有一点出乎我的意料：在双语家庭长大，Cookie 也能听懂中英文。比如 Let's go 和"走了"，它知道是同一个意思。有时我们出门不带它，为了防止它尾随，就会说 L-E-T-G-O，但也只是瞒了一阵子而已，没多久它连拼写也懂了。

维：哈哈，聪明。在美国养狗这么普遍，是不是对宠物友好的设施也比较多，可以带着宠物一起出门旅行？

心：嗯，我们如果开车出门旅行，就会带上它。说起来，Cookie 还救过我一命呢。

有一年夏天，我们全家出门度假，度假屋后面有条小河，可以玩漂流。Cookie 看到我们去漂流，紧张得不得了。它平时乐呵呵、傻乎乎的，那天却特别紧张，我们在水里玩的时候，它就一直心事重重，皱着眉头，看起来非常忧虑和担心。

我们顺着河水往下飘，正当我要上岸的时候，木筏从手中滑脱，脚也没踩稳，就顺着河水漂了下去，我手上又拿着一根木棍，不方便游泳。

其实我并不是很担心，水不急不深，我也会游泳，只是手上拿了木棍，不容易往回游，所以看上去有点像挣扎的样子。Cookie 看见我落水了，马上就跳进水朝我游来。我那时候就想，都说金毛水性很好，我倒是想看看它会不会来救我，所以也没使劲游，在水里等着它过来。果然它三两下就游了过来，用嘴咬住我手里的木棍，就这么把我拖到了岸边。我家小孩在岸上看到这一幕，简直是太自豪了，觉得 Cookie 是个大英雄，大声欢呼：She saved my mom's life！

维：那确实是啊。把你拉上岸后，它有没有如释重负，或者说也有点小得意？

心：你说得太对了，真是如释重负，它非常骄傲和开心，围着我转圈。

维：我还有一个问题，在美国除了中产阶级养狗外，你见过流浪汉养狗吗？

心：见过。圣诞节，我们去夏威夷，就看到流浪汉带着狗，我们还讨论了这件事情。我看到流浪汉和狗在一起，不知为什么就觉得挺温暖。然后我们家小孩说，"是啊，流浪汉什么都没有，但是他有一条狗。"

维：关于流浪汉养狗这件事，我想跟你多探讨几句。在我采访了十几个人之后，发现一个问题：采访对象几乎都是中产阶级。其实我也很想去采访打工仔、厂妹、流浪汉，但是有了这个念头之后，想进一步探讨可行性，就发现去采访流浪汉是件很困难的事情。社会关系在上下左右各个方向都有门槛。我要找到流浪汉，他又肯接受我的采访，这并不是想做就能做到的。而且中国现在的流浪汉也越来越少了，所以还蛮想听。

心：那天我们开车到租住的酒店门口，那里有一片草地和椰树，草地上坐着一个流浪汉。他差不多四五十岁的年纪，边上有两个包和一条小狗。我看到流浪汉感觉挺难过的，觉得他的生活并不好，但是看到流浪汉身边有条狗，那个画面顿时让我有了种不一样的感觉，还是挺温暖的。在中国可能没这么多流浪汉吧，看到流浪汉养狗的机会就更少了。

维：是的，我偶尔会看到这样的照片，但是照片上的流浪汉都是老外。即便是处于社会食物链的最底层，居无定所、身无长物，但因为这条狗的存在，他也要承担起看护者的责任，产生对另一条生命的牵挂。

心：是这样的。我在加州看到很多流浪汉，特别是在风景很好的海边，比如 Santa Monica，几乎每走十步就会看到一个帐篷，里面住的都是流浪汉，有的也带着狗。我觉得当流浪汉可能也是一种选择，有些人就是喜欢这样的生活。也有一些流浪汉是退伍军人，可能在心理上受过创伤。

维：嗯，有一点是需要区别的：流浪汉的狗 VS 流浪狗，这是两个概念。流浪汉的狗是有主人的。

心：是的，我记得在网上看过资料，流浪汉对狗普遍照顾得很好，因为流浪汉几乎每时每刻都和狗在一起，所以这些狗一般都很快乐平和。

维：是的，让很多人大跌眼镜吧。有些人看到流浪汉的狗，可能会觉得人和狗都特别可怜，但从狗的角度来看，可能并不是这么一回事儿。流浪汉以流浪为生，而狗的天性里也有流浪的成分，所以流浪汉和狗的生活方式还挺契合。在狗看来，它并不会觉得自己可怜，很可能还觉得自己挺幸福，因为其他的狗要每天等候在家，看主人的心情和时间决定能不能出去遛它，而它可以整天在外面玩。

心：的确，岁月静好就意味着没有什么 drama。

维：Cookie 平时的生活场景是在你家的大房子里，但是偶尔到了野外，比如前面说的玩漂流的河里，狗作为动物的野性和天生的水性也会发挥出来，所以那个时刻就定格为了你们之间的高光时刻。

心：是这样的。除去高光时刻，我也希望这么帅气、老实、傻憨的它，能有平静快乐的一生。

凡人如你我，但凡涉及好坏优劣的判断，其过程和结果往往都难逃世俗的偏误。对人如此，对狗也是如此。流浪汉的狗看起来风餐露宿，其实与主人拥有极强的感情系带；而中产之家的 Cookie 之所以快乐平和，最重要的源泉也是主人的爱与关心。幸福的狗都是相似的，不管看上去多么迥异。

母女俩和 Cookie

191

养狗的十大约定

父女俩和比熊

主人：米其凌，私营企业主、"媚蒂芬"
        品牌创始人
坐标：厦门市湖里区
宠物：比熊犬，5岁

维：谢谢你接受我的采访。你是什么时候开始养宠物的？

米：谢谢。我家的狗是在我女儿9岁时开始养的，到现在养了快5年了。其实我9岁时养过一条苏牧，但是没养多久就被我母亲送人了，因为她有洁癖，容不下苏牧总是掉毛。

维：所以你9岁时养过狗，你女儿9岁时又开始养狗，父女间好像有一种轮回。

米：你这样一说就浪漫了。我小时候因为不懂训练狗，它的卫生习惯不好，再加上掉毛，我母亲就把那只狗送人了。当时我很伤心，虽然养的时间不久，但对狗还是喜欢的。

事情就是这么巧，当女儿跟我说她想养狗的时候，也是9岁。我就回忆起当初，因为不懂训练狗，不懂关爱狗，所以没有养成功。我就在想：怎样才能让这只狗幸福地留在我们家？于是，就有了我和女儿之间的约定。在养狗之前，有三点是你必须要考量的：狗主人的个性、狗的品种和特点、居家环境和城市气候。比如很多大型犬很好动，假如你的居家环境不是很大，养这种狗就会有压力，狗也不会开心，所以犬种很重要。

我跟女儿讲，我们家是住在美丽的厦门，这里的气候就只有春夏，冬天基本上不冷而且很短，所以我们并不适合养长毛犬，也就是寒带犬。这种狗在南方是很受苦的，天气这么热，它又这么好动，即便24小时开冷气，它也会过得不开心。还有，虽然我们住的房子比较大，可是养大型犬也不合适，因为大型犬每天要有主人带着去做很多运动，这对于9岁的小孩也不是很合适。排除了寒带犬、大型犬之后，依照我们的居家环境、女儿的个性习惯，最终选择了比熊。这种犬不会掉毛，比较干净，又非常黏人。

维：看来真是被掉毛掉怕了。不过我感觉你替女儿把关的这几条理性又细致的分析，做到了知己知彼，以后选女婿都可以套用。

米：哈哈哈哈。我很遗憾小时候没能把狗留下来，因为房子很小，苏牧爆发力强又容易掉毛，我母亲有洁癖，这三点导致狗被送人了。我为什么要做这么详细的计划呢？就是担心养的狗不适合，到头来又要把它送人，万一人家再把它送走，搞不好就会在街头变成流浪狗，那我们不是非常罪恶吗？

维：这也让我想到，马路上之所以有那么多流浪猫、流浪狗，大概还是因为有些人考虑不周，最后有始有终。他们可能仅凭着一时兴起就开始养，真正养起来才发现宠物的个性、品种跟自己的作息、家居环境都格格不入，导致最后就没办法养下去。

米：所以我在这里也要奉劝打算自己养，或者为小孩子养狗的家长，在选择犬种时，一定要考虑所在城市的气候、居家的环境、家人的性格，来匹配合适的犬种。我们选好犬种后，就去宠物店选比熊。厦门的"明发商业广场"有一条宠物街，街上大概有十几家狗舍。出发之前我又跟女儿说，我们还有一个约定：今天来只是看看而已，我们要很冷静地去观察不同的狗，把最喜欢的几条记下来，带回家讨论，然后选定最喜欢的狗，再过去买。我怕小孩子会冲动。

那天我们总共看了五家，进每家店之前都会先问有没有比熊，有，我们才进去。但是选狗这种事，到头来还是要看缘分。我记得那天很热，犬舍里开着冷气，大部分小狗都在睡觉。就在我们贴近看的时候，有一只小狗很顽皮地睁开了眼。它的眼神开心又明亮，一看就是很健康活泼的小狗。看完五家以后，我女儿就想回到第一家店，把那条狗买回来。其实我也很想，但我还是说要冷静思考。我们也真的回去思考了。结果大家一致认定，就是第一眼看中的那只了。从此它就成了我们家的一分子。

维：这种事情无处不在，比如去买衣服，走进第一家店看中了没买，兜兜转转半天，最后还是去第一家店买下一眼看中的那件。

米：我要补充一个情节：其实当初决定养宠物时，我内心也是挣扎的，因为我又回忆起当年，不懂照顾狗，也不知道怎样去关心它。现在年纪大了，知道狗是很需要人陪伴的，所以就去网上搜索各种资料，然后就看到了击中我内心的"养狗的十大约定"。

我把文章下载下来给女儿看，和她说，假如你要养狗，必须要关心它，训练它，不能放弃。你要花很多时间去做这些事，这样的狗才幸福，这样的主人才成功。

这十大约定的第一条就让我非常感动，写的是："我的生命很短暂，请多陪陪我。"第二条是："我需要时间来学习，希望你能够多点耐心来训练我。"第三个是："你对我的信任是我最大的幸福。"我就让女儿把这十大约定背下来。熟背了以后，我觉得她至少比我童年时更懂得狗需要什么，我才答应她去选狗。

维：这份尽职调查做得真好。

米：做好计划就是成功的一半，所以千万不要冲动，你喜欢的犬种不一定适合你所在的城市；你过于看中颜值可能就要被迫忍受噪音，所以只能事先去了解犬种，然后跟自己的情况对号入座，求得一个最优选择。

这只狗到我家后，我们就开始训练它下拉提力、转圈圈、跳绳等，我女儿是教官，我在旁边帮她，这个过程也非常欢乐。我们做了训练计划，一样一样慢慢训练。看到女儿教会它一个动作，奖励它吃饼干，我觉得这就是生活的享受。我们跟小孩的相处，就是要共同去完成一件件事情，这就是父女之间的感情培养的方式。

维：你指导女儿训练狗，狗见证父女互动，女儿在爸爸的帮助下执行训练计划。

米：对，通过养狗，我们三个建立了非常好的关系。我也让女儿懂得：想做好一件事就需要有计划，然后分阶段执行。在训练过程中，不管小孩还是小狗，刚开始都不一定能做好，我就从网上去找训练狗的视频，下载了跟女儿分享。当然训练还是以她为主，因为这是她的狗，她应该亲力亲为，但我们是团队，要共同朝着一个方向去努力，把它训练成优秀的小狗。

维：这里涉及到计划能力、学习能力、分阶段的执行与评估能力。

米：养这只狗最大的成就是：让我女儿学会了信守承诺，真的去执行"十大约定"。这个过程当然也不是那么顺利。小孩为了得到想要的东西，会很快地做出承诺，但兑现的情形，跟我们家长的心理预期会有落差。这就需要我们不断地去提醒和督促，让她去兑现承诺。

这是养狗对我的最大回馈。我也很乐意把"十大约定"发给大家看，我觉得写得非常好，完全是从狗的角度出发，比如第六条："主人你有你的工作，有你的朋友，可是我只有你一个主人"。这条就让我非常感动。

维：帮女儿培养了这么重要的品质，她以后的人生会因此受益。

米：是哦。养狗的第二年她开始跳街舞，到现在跳了三四年，获得了几个全国的奖项。我觉得她会坚持做这件事，跟养狗有绝对的关系，因为当初她想要学街舞的时候，我也提出了和养狗一样的要求。她之前尝试过小提琴、钢琴、爵士舞等，后来选择了街舞，我就问她，能不能坚持跳下去，她说，可以，然后问我，要不要我再帮你写个"街舞的十大约定"？

维：熟悉的场景，熟悉的配方。你女儿在选街舞的时候，实际上也像选狗一样：钢琴、小提琴、街舞，分别对应苏牧、泰迪、比熊，最后选中了街舞，就像选中了比熊，做对了前面的选择，才会有后面的坚持。坚持不了很可能是因为选得不对，所以越坚持越痛苦；选对的话，就会更愿意去努力。所以选择和努力也是相辅相成的。

米：对，你讲的太好了。不管大人还是小孩，一定要认识自身、认识对象，匹配好才会坚持，坚持才会有好的成绩、好的表现。所以回过头来看，就是从选狗开始，我教育了小孩什么叫做合适，什么又是长期坚持，这点太重要了，会改变人一辈子的生活习惯和未来的发展。

维："十大约定"的第一条提到，狗的生命很短。实际上人的生命也没那么长。有个故事叫《小猴子掰玉米》，讲小猴子到玉米地里去掰玉米，每掰一个就觉得远处的更大，于是掰一个丢一个，到太阳下山了还是两手空空。人也是如此，如果不去计划，一辈子什么本领都没有。

米：所以我也常常跟一些年轻人说，从学校毕业以后到二十七八岁之前，你有时间折腾，可以一直换工作，可是二十七八岁以后，你应该认清自己的专长和喜好，要在这个领域好好努力，五年十年后，就会有成就，有成长。像我的个性比较外向，就天生喜欢讲话，很容易跟人沟通，也没人教我，我从小就是自来熟，那我就适合去当业务员，去卖东西，所以我就这样一路走来，从小业务员一直做到职业经理人。

维：家里的其他成员和狗的关系怎样？

米：大家都很开心，我儿子和老婆很开心，我丈母娘也开心。一个家庭里有一只狗，这是开心的事。幸福的家庭，有一只狗会更幸福。

后记

固然是人在养狗，但其实狗也在"养"人。这个鲜活的样本，给我们极好的机会去认识自己、选择对方、持久付出、享受回报。能够把狗养好、被狗"养"好的人，或许做其他事也更容易成功。养狗的十六约定，也是人生的十六约定。

养狗的十六约定

第一个约定：我的生命很短暂，请多陪陪我

第二个约定：我需要时间来学习，希望你能够多点耐心

第三个约定：你对我的信任，是我最大的幸福

第四个约定：请多跟我说说话，哪怕我听不懂

第五个约定：如果我犯错了，别对我生太久的气

第六个约定：你有你的工作、朋友，可我只有你

第七个约定：我会永远记得你对我的好

第八个约定：我也有自己不喜欢做的事，请不要强迫我

第九个约定：等我老了，希望你能够照顾我

第十个约定：多陪我玩玩吧，别丢下我不管

乘愿再来

维尼

主人：大叔，民宿老板、"慈善盒饭"捐
　　　助人
坐标：泰国普吉岛巴东海滩
宠物：中华田园犬，1岁（已故），哈士奇－
　　　狼犬串，1岁（已故）

维：大叔您好！我住过您家的民宿，也一直关注您的朋友圈。去年 10 月 31
　　日，我看到您发了九宫格的葬礼照片，中间一张是躺在鲜花丛中的狗，
　　配的文字是："暂停营业三天，送我心爱的、给我带来无尽欢乐的维尼，
　　去一个没有摩托车，更没有皮卡的地方，尽情地奔跑，快乐的生活！
　　怀念你维尼。"我很触动，觉得这背后一定有个值得讲述的故事，但
　　当时我并不知道几个月后要做这本访谈录。后来接手了访谈任务，我
　　第一个想到的采访对象就是您。

叔：谢谢您对维尼的关心，那就说说我和维尼的故事。我是在 2020 年的
　　10 月 6 号，也就是维尼一个月零三天的时候领养了它。我象征性地付
　　了 300 铢奶粉钱，算是半领养。疫情期间，普吉岛很多本地人吃饭都
　　成问题，狗就更没法养，于是许多宠物主人就在"脸书"上发广告，

寻找领养人。我和老婆就是根据一个广告寻过去，在普吉镇领养的它。

维：维尼是什么品种的狗？是对应"中华田园犬"的泰国田园犬吗？

叔：不是。维尼的父亲属于西伯利亚犬，就是哈士奇，它的妈妈是邦开犬，属于泰国狼犬。它是杂交狗，非常聪明。说起来就是缘分了，从我们抱到手里，到离开前主人跟我们回家，它一点儿都不闹，就像前世已经是我们的孩子般的感觉。那时候因为还是婴儿，所以它就一直黏着它妈妈，就是我老婆。大概养了三四个月之后，它就跟我寸步不离了。每晚就跟孩子一样，要睡在我们两个人中间。

我们这里一年四季开空调，它很聪明，才一点点大，就知道感受空调的温度。温度低了，它就到床上睡在我们中间；温度高了，它就睡到脚后头去。后来它学会了上下床，就自己根据温度跳上跳下。我们也没有特意去训练它，基本顺其自然，它就完全靠感觉跟我们生活在一起。大一点之后，每天到了固定的时间，它就会暗示我，或者是用手直接扒拉我，让我带它去海滩，要去游泳。

在巴东这块地方，维尼整个就是一明星犬。只要我们到巴东海滩玩，碰到的大人、小孩都知道维尼，老远就"维尼""维尼"地叫它。我在这边开民宿和餐厅，要去 Marko 那些地方购物、买菜。只要我们一去，那儿的保安服务员就什么都不干了，全都围过来，"维尼"长"维尼"短。它也特别会互动，你知道这种感觉吧？是不是人见人爱？我出门最神气的是什么呢？比方说开车，它就要坐在我两腿中间，手还搭着方向盘，就跟它在开车一样。

维：插一句，我看到维尼在葬礼上的遗像，它坐在驾驶座上，手搭着方向盘。

叔：对。就是那个样子。如果我骑摩托车，它也像人一样直接跳到后座上，然后稳稳地坐在后面。它的弹跳力非常好。

维：疫情后，普吉岛的旅游经济滑坡厉害，我记得在朋友圈看到您多次给当地人派发盒饭，民宿的生意也不好吧？

叔：就是因为没生意嘛，所以就有了时间。我之前也喜欢狗，在国内时养过一条叫帅虎的狗，那外形跟维尼好像。

那是2002年，我在武汉民主路附近开了一家KTV，有条狗在门口不走，我就收养了它，取名帅虎。后来它跟我也是寸步不离，从来没有用过狗绳。再后来，它是生病死的。

捡帅虎的时候一分钱没花，后来给它看病一直到去世，花了一万多人民币。我专门把它带到华中农学院（现华中农业大学——编者注）看兽医。当时它得的病就像帕金森一样，不停地抖。最后也没治好，看它那么痛苦，我把它带去狗诊所做了安乐死。

我把它埋在黄鹤楼下面的山坡上，那大桥下面有个山坡，面对着长江。回到家，就和我前妻在卧室墙上写了六个大字："永远不吃狗肉。"

维：挺有诗意的安排，让帅虎每天看着"不尽长江滚滚来"。回到维尼，我从您朋友圈的配文来看，它是车祸意外丧生。关于普吉岛的交通，其实我有话想说。我去过普吉岛四次，回想起那里的交通，现在还觉得心惊肉跳。尤其是"突突车"，不是全封闭的车厢，司机还开得飞快。岛上的转弯和上下坡又那么多，真是觉得挺害怕的。而且我在普吉岛看见好多当地人缺门牙，我当时就在想，是不是骑摩托车把门牙给摔了。

叔：哦，这个倒不一定是骑摩托摔的，可能跟他们爱打泰拳有关。但这边的车速确实是太快太快了。接着刚才的话题，这就是让我一生都后悔的一件事。那天下午我又带维尼去巴东海滩，它在那里游泳，玩得非常开心。但我突然接到电话，说家里来了生意，喊我立刻回去。但维尼呢，每次如果玩得不尽兴，就不肯让我用狗绳套住它回家。我就索性骑着摩托车在前面慢慢开，它跟在我后面慢慢跑，我们准备就这样回家。这种情况之前也有过，它会这样跟着我回来。

出了巴东海滩，到了通往我民宿的那个十字路口。当时如果能直行，那就到了民宿所在的那条背街，会非常安全。但是我没能直行，因为从卡伦方向开过来一辆车，把我逼到了路的左边，我就只能往左拐，而维尼因为在我后面，所以当它走到十字路口时，那辆车已经过去了，于是它就直行到了马路中央。就在这个时候，我看到马路对面，也就是维尼的右侧开来一辆皮卡，速度起码在每小时 70 公里以上。我顿时傻眼了！我本能地想喊住它，但又不敢喊。因为如果我叫它，它肯定会回头，而只要它一看到我，肯定会奔向我，这是我和它之间的习惯。但如果它奔向我，搞不好就会和皮卡撞上。所以我忍住没喊，想让它赶在皮卡过来之前快点穿过马路。哪知道，这时它突然意识到自己跟丢了，回转头，一眼看见了我！

当我们四目相对，它不顾一切地想要飞奔过来，而就在它跳起的一瞬间，我听到一声巨响。我心想完了！赶紧跑过去。那个皮卡只是稍微点了一下刹车，立马就开走了。我跑到维尼身边，看见它瘫倒在地上。我把它抱在怀里。它那个目光，让我这一生都忘不了。它的眼神好像是在跟我说："哎呀，爸爸，我又没做错什么事，怎么会这样啊？"然后，它的整个脊骨就弯了下来。

（因受访人情绪原因，采访中断三分钟）

叔：当时它还没断气。我立刻把它抱在怀里，骑着摩托车，打着双闪，以最快的速度到了巴东唯一的一家宠物医院。那天也真是命该绝啊！——宠物医院休息。但我心里知道，就算医院不休息，维尼，它也没了！因为我猜它的五脏六腑，已经全部碎了。最后，它在我的怀里，奄奄一息。它的眼睛还睁着，眼眶里流出泪水。维尼平时就会哭，这会儿它哭得像个小孩一样，非常委屈，非常伤心地，在我怀里轻轻地哭。

最后，哭声渐渐停了，它就是这么极其不舍、极其不甘地离开了我。到最后一刻，眼睛还睁着。它走的时候，身上干干净净，都被撞成那样了，也没有一滴外出血。鼻子、嘴巴、全身皮毛都干干净净，但是我知道，它的内脏全部粉碎了。

后来我不断地回忆车祸的场面，其实当时我只要做一个动作，什么问题都解决了。那个动作就是：把摩托车推过去横在马路中间。我就缺那一个动作，真的！我就应该那样做，而且那样对我也没有危险。那个皮卡肯定很远就能看到，就会踩刹车停下来，你知道吗？我永远都不会原谅自己。前天我刚满54岁，说起来也经历了很多，但这个现实我接受不了。没出一两个月，我又养了一条狗，但越养越想维尼，而维尼，它永远都没了。

维尼走了之后，又发生了好多蹊跷的事。我老婆是泰国人，他们有一种习俗，会把对于自己特殊的日子作为号码去买彩票。当时我给维尼举办葬礼花了1990铢，我老婆就用它的祭日作为号码，去买了一些彩票。结果中奖了，奖金加起来，是1900铢，差不多就是那笔费用。

当时中了这个奖，我又哭了——它就是不要我花钱，所以把葬礼的费用，也全部还给了我。

维尼火化之后，我把它的骨灰用白布包着，带到巴东海滩。你知道吗？那里左边的最顶端有一个桥，桥下面是巴东海的入海口，我就把它的骨灰撒在了那里。之后每天到了以前带维尼去玩的时间，我都会带瓶啤酒去桥下，坐在那儿喝酒，想它。

就在第七天的时候，我还是老习惯，去老地方喝瓶酒，坐一下。一走到那儿，就发现桥下有一个白布包，那大小、形状，就跟当时包它骨灰的白布包一模一样。我当时就错乱了，心想是维尼回来了？但走近一看，那是个白色的纸巾包。打开之后，里面是一沓钱。是谁丢了钱，是不是假钱？我脑子里闪过这些，但仍继续坐在那儿喝酒，想维尼。等酒喝完了，天暗了，也没有人来认领这包钱，我就拿起钱起身回家。回家的路上有间开泰银行，门口有个自动提款机，我把钱放进去，因为真假、数目，一放进去就都知道了。结果全部是真钱，整整 9000 铢。

维：太玄乎了……是当初领养维尼奶粉钱的 30 倍。

叔：而且，我的好事不断。你知道经历了疫情，咱们在泰国的中国商家接连倒闭，该回去的回去，该关门的关门。但我现在越做越大，我现在经营五个别墅，三家民宿，再加餐厅，而且我的民宿和别墅今天全部是满房。

维：这一切，特别是后面所发生的，说起来都是关于钱，但故事讲到这儿，我感觉已经超凡脱俗了。

叔：非常感谢，今天的采访不单是我配合你，其实也是你配合我，又完成了一遍对维尼的怀念。我相信你的写作是专业的，你甚至可以再渲染一下，因为有些东西我可能还没表达出来。关键点就在于：一是人与动物的爱，一是人与动物的信任。

维：这件事的残酷就在于，这种信任是很悲剧的，也间接造成了维尼的死亡。如果它不是那么信任您，如果它不是一看见您就转身飞奔过去，它就会赶在皮卡过来之前穿过马路。所以它的死亡，想起来就很悲剧。

普吉岛《大叔的小屋》酒店别墅置业
暂停营业三天——
　　送我心爱的、给我带来无尽欢乐的 weini，去一个没有摩托车，更没有皮卡的地方，尽情的奔跑，快乐的生活！怀念你 weini🙏🙏🙏

2021年10月31日 下午5:28

大叔在朋友圈发的讣告

207

后记

这大概是本书难度最大的一篇访谈。表层的难处在于：我是戴眼镜的。在听录音整理的过程中，几乎每听两句，就不得不脱下眼镜擦眼泪、再戴上眼镜继续写。写字的动作不断被擦眼泪的动作打断。深层的难处在于：作为前文艺界人士，大叔的口述极为出色。无论是构建画面的语言能力，还是揣摩内心世界的共情能力，或是把握音色、重音、停顿的表达功力，都让我感觉到无能为力——已经很难在大叔的口述之上再做加分的动作了。面对如此高能的故事和精彩的口述，我只担心自己的蠢笨打扰到维尼的在天之灵。摊了一桌子擦泪的纸巾，却写不出与这份情感匹配的文字，让人既尴尬又羞愧。唯一可以做的，也只能是小心翼翼地记录转写，轻手轻脚地整理归拢。让"爸爸"用他的母语，给维尼宝贝完成中国文字的入殓。维尼宝贝，乘愿再来！

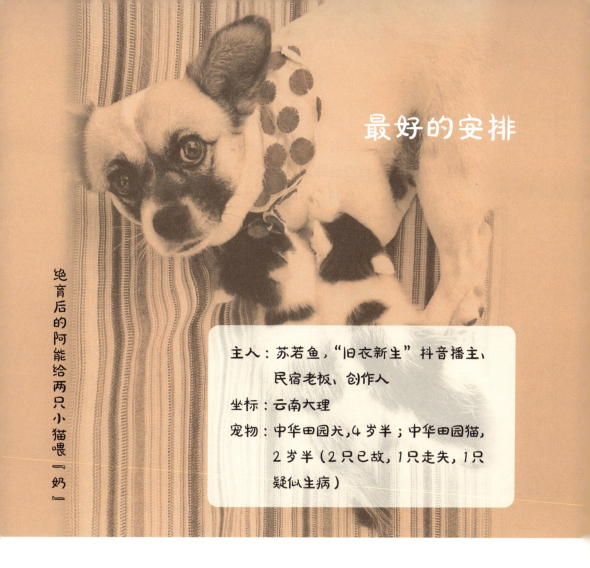

最好的安排

绝育后的阿能给两只小猫喂『奶』

主人：苏若鱼，"旧衣新生"抖音播主、
      民宿老板、创作人
坐标：云南大理
宠物：中华田园犬，4 岁半；中华田园猫，
      2 岁半（2 只已故，1 只走失，1 只
      疑似生病）

维：晚上好，苏小姐！听说你云游了一大圈刚回来。

苏：是的，让你久等了，因为我要回到大理，看到猫才能安心做访谈。

2016 年，我从昆明来到大理，借住在客栈筹备自己的工作室。客栈的老猫生了几只小猫，我看着很可爱，就领养了一只，那时觉得，在大理做文艺青年，养猫是标配。但是后来搬到自己的院子里以后，才发现在农村生活必须要有猫，因为老鼠太猖獗了！有了猫会好一点儿，但同时又引来了另一个问题：我的猫捉老鼠能力太强了，不仅捉院子里的老鼠，还把村子里的其他老鼠也捉进来，几乎每天都要给我送一只老鼠。刚开始我觉得这简直太恶心了，因为这些老鼠有被吃了一半的，有被玩得奄奄一息的，有只剩一条尾巴的。我做直播过程中，曾经有三次，猫在镜头前给我送老鼠过来，到后来我也处变不惊了。

维：作为名字里有鱼的人，你觉得养猫是一种什么样的体验？

苏：这个真的很有意思，我会觉得这是一种缘分，很奇特。今天我回来看到猫太脏了，但也不敢给它洗澡，就只给它梳毛。以往给它梳毛的小梳子找不到了，我就找了一把自己的梳子给它梳。那梳子上面刻着一个"鱼"字，是当时买给自己的礼物，因为我还挺自恋的。我就拿这个梳子给它梳毛，可能对猫会有滋养吧，会让它的身体更健康。

我这一段时间去旅行，到了苏州、常州、上海，然后又回昆明，差不多走了一个月。在城市里呆久了，会感觉缺乏能量，离猫狗远了，也觉得缺乏能量。今天回到大理，抱抱它们撸撸它们，很快，我就有了力气，一鼓作气把卫生全打扫完了，然后带着小狗去洱海边晒太阳。一晒太阳，我整个人就活了。大理有风花雪月，能量场是具足的。

我来大理后养的第一只猫走丢了，因为大理的猫都放养在院子里，所以很容易跑掉。不久之后再养的一只得了猫瘟，送到宠物医院后死了，我当时哭得不行。2018 年春天，我领养了一条小狗，取名阿能。到了秋天，邻居家生了小猫，我又领养了一公一母，取名妥妥和帖帖。

那时阿能刚做完绝育手术，但是见到小猫居然母爱泛滥；小猫离开了猫妈妈，就把阿能当做妈妈，每天吸它的奶。其实哪里有奶啊！但阿能每天都会躺下来，姿势熟练地给小猫"喂奶"，特别神奇。每天下午我都要带阿能去草地上或洱海边，而猫只能呆在院子里，我觉得它们可怜，就用猫包把猫背上，带着它们一起去玩。慢慢地，我就尝试着把猫放出来玩。因为它们吃过阿能的"奶"，会跟着阿能，所以我就可以同时遛狗和猫。这是很神奇的事，我在遛它们的过程中也觉得太美妙了。

当然我会找安全的地方，比如独立的草坪、小山坡，或是田野中的小岛屿，把猫和狗一起遛。那个画面真的美。在大理，到了傍晚，太阳降落到西边的苍山，会散发出"耶稣光"，就是我们说的"丁达尔现象"。阳光照着我和猫狗，有一种身在天堂的感觉。

维：喂奶这个事太好玩了。美国的心理学家做过一个实验，把刚出生的小猴子关在房间里，给它两件东西：包裹铁丝网的奶瓶、没有奶的猴子毛绒公仔。结果小猴子大部分时间黏着毛绒公仔，尽管铁丝网里的奶瓶里有真的奶水。

苏：是啊，阿能没有奶，小猫却吸得很卖力，没过多久，阿能的几个奶头都被吸破了。我能感同身受，一定很疼。但两只小猫一见阿能就扑过去，阿能也很慈爱地躺在那儿让它们吸。

不过等小猫长大以后，阿能还是恢复了本性，跟两只猫争宠。两只猫大部分时候会自己玩，相互舔，阿能就很孤独。所以我们是这样相处的：阿能缠着我，妥妥帖帖抱在一起。那时候我院子里有个大吊床，我们四个就躺在大吊床上，我左手边是两只猫，右手边是阿能，在那儿晒太阳。我有时候会觉得，哎! 我是不是太放纵自己了? 完全回到了动物的状态，也不管猫毛狗毛脏不脏这些，完全没有概念，就跟它们躺在一起。

我来大理是因为婚姻出了问题，想换个环境，也顺便把我的服装设计老本行捡起来，当然也是为了逃避。但是没想到来了大理后，这里的气场影响了我，让我非常自然地回归了本我。之前也没有机会去发掘，但到了大理之后，我发现自己是那么容易在大自然里放松的一个人，感觉太舒服了。我经常就在草地上一躺，晒着太阳睡觉，或者跳自己编的舞。如果没有大理的这段经历，我是不知道这种感觉的。所以我也把这种情感传递给了小动物。之前的我过于都市化和商业化，到了大理，这些外壳被一点一点地脱掉了。

维：这个回归的过程伴随着养猫养狗，所以与猫狗近，其实也加速了你对于自然的回归是吧？

苏：是的，猫狗是自然的一部分。因为在大理养猫狗和在其他地方不太一样，这里的猫到处跑，是会捉老鼠的，是有野性的。我们遛狗也是到大自然里去遛，爬山涉水。所以借由遛狗遛猫，每天都去和自然亲近，加速了我在自然界的融入。这是一种很浓厚的滋养。

维：是不是单身者特别能感应动物带来的滋养？对于单身者来说，猫狗也是稳定安全的感情释放对象。

苏：这倒也是因人而异。我身边也有不少单身的朋友，其中有些就很讨厌猫和狗，所以也要看你收得到收不到这份滋养。我当然认为是滋养，但是如果我一直住在城市里，可能也不会想到去养猫狗，因为在城市里我有很多交际；而在这里，有了猫狗我就想宅在院子里，也不用讲太多的话。

刚到大理的时候，我很渴望进入大理的各种圈子，因为我本来是个挺文艺的人。但是混过几次以后就发现，那些社交很适合在朋友圈炫耀：我的大理生活如何如何精彩，而当我忙起来以后，当我开始更多向内探寻，就发现，我其实不需要这些社交了，于是就不去混圈子。当然，看看大理各种各样的人，各种各样的活动，还是会觉得这是个很神奇的地方。

之前我一直话很多，当然现在遇到对的人，话还是很多，但现在我会避免很激动地讲话，更喜欢和猫狗呆在一起，享受大理的慢生活。

说到猫狗作为感情释放对象，当然，因为有太多爱要给出去，但又没有与人的亲密关系，怎么办？那就给猫和狗了，也是一种爱的移情吧。

维：不过，猫狗虽是稳定的情感释放对象，但它们也有一个缺点，就是寿命相对太短了，而且也更容易经历不测，比如猝死、车祸、走丢等。

苏：我觉得猫狗寿命短，这一点恰恰是很好的出口，让我们能够穿越亲密陪伴，去接受它们的离开。在我看来，这也是很好的礼物。在经历了三只猫的去世或失踪后，我现在对死亡越来越淡定，或许死亡就是空间的转换。只是因为我们的意识还停留在低维，所以才会对死亡有这样的恐惧。

当然，遇到具体的事件还是会心痛，但心痛过后，我能做到淡然处之。我养的第二只猫因为没有及时打疫苗，后来得了猫瘟。它平常很黏我的，那两天却藏起来了，我意识到不对，赶快带它去宠物医院。那时候我的经济很紧张，要装修院子，要重新开始生活，简直太紧张了，但我还是把它送到宠物医院医治了 10 天，花了 3000 块钱，最后没有救回来。猫死那天，我在医院里放声痛哭。

但等到去年，妥妥离开的时候，我就很淡定了。去年年初，妥妥得了猫传腹。妥妥是公猫，没有做绝育。它天天去村子里浪，慢慢肚子就大了起来。我把它送到宠物医院去检查，兽医就说是猫传腹，相当于猫的绝症了。但是近来有一种药可以医治，但是医治费很高，医治周期也很长，还不能保证医好。我就跟医生说，不治了，我把它带回去。生老病死都是自然。回家后，我每天陪伴着它。慢慢地，它的肚子越来越大，吃的越来越少，从得病到离开，正好一个月。

妥妥走了以后，我看到"小红书"上有些博主讲到他们的猫得了猫传腹后，他们如何竭尽全力去医治，我内心也会有一闪而过的内疚，但是也越来越清楚，猫和狗自然有它们的命运，就像它们知道自己命不久矣，就会寻一个地方躲起来死去，不希望被人打搅。我也就淡然了，不去被集体意识绑架。

维：这一点可以展开说说。因为我希望在访谈录里展现各种不同的观点，让读者能对各种行为背后的逻辑产生思考，从而形成某种程度的理解与共情。

苏：当时我说不治了，抱着猫要离开的时候，宠物医院的医生说："哇！你怎么能这样呢？这么绝情。"我回答，猫当然是不能说出自己的想法，但如果是我得了绝症——我一个可以说话的人得了绝症——我也不会治。

因为在最近这些年，我经历了好几位亲人和朋友得绝症、努力医治、最后还是非常痛苦地离开的过程。这种离开让我越来越多地去思考死亡，读各种书，接触各种宗教，去找寻答案。生命有自己的规律和节奏，对于接受医治的猫狗来说，它们未必真的愿意以这样的方式去残喘人间。顺应生命的到来和结束，也许更符合动物的本性。

当然我也问过自己，在放弃救治的决定里，经济因素占多大比重？我想可能占了百分之六七十。我不知道这样说对不对，猫狗相对人来说，命更轻贱些，但是宠物医院的费用却非常高昂，让人望而却步。对于我来说，我本人也很少去医院，平时感冒发烧都是让身体自愈，所以我觉得什么样的人养什么样的猫狗。想定了这一点，我就不受那些道德绑架了。

维：去顺应而不是对抗，也是对自然的敬和爱。

苏：一切都是最好的安排，这已经成为我的生活准则了。在大理这五年，与猫狗相伴分离，是非常好的成长过程，我也从容易被别人影响，变得会独立思考。我以前就是太活络，旁边只要有个稍微强势点的人，我立刻就没主意了，就觉得他说的都对，而且要立刻做出反应。但当我和猫狗独处的时候，我感到所有能量都回来了，也有了自己的主意。

维：以前可能就像特别活泼的化学元素，遇到谁都能反应；但是到了大理，有苍山洱海、阿猫阿狗，这样的能量场让你的性质也发生了改变，变得清晰而稳定。

苏：之前我经常说起"最好的安排"，但那时更像是喊口号。我以前是"励志姐"嘛，随时都要励志，认为最好的安排一定都是指好的事情。现在我对好坏没有分别心了，坏的事情也是好的安排。死亡也不是坏事，生病也不是坏事，情绪低落也不是坏事。我们为什么要时时那么饱满用力，而觉得虚空和脆弱见不得人呢？一切都是刚刚好，需要用心去感受。走到了今天，回头一看，果然是一步都不会多，一步都不会少。

现在我也不去做计划了，也不觉得自己需要多努力。有朋友也会提醒我，你一会儿做这个一会儿做那个，多么浪费才华，我心想，无所谓。

维：觉得舒服就对了，眼下大家说的最多的一个字不就是"卷"嘛？你现在的状态是"舒"，云卷云舒的舒。卷的反面就是舒。

苏：但是人也很矛盾，一方面很享受孤独，另一方面又渴望爱情。但真正找到了爱情之后，比如我这次是和男朋友一起出去旅行，才发现无拘无束的生活已经让自我膨胀到极致，一点点的束缚就会产生很大的震动。所以接下来我必须要进入亲密关系里去修行，去看见更深层的自我，这就是我接下来要面对的挑战。在亲密关系里修行，那才是见真章。

维：过去五年你在相对避世的环境下完成了自我修炼，现在要回到红尘检验修炼成果了。练瑜伽的人经常会说到根基稳定，所谓根基稳定，身体是如此，精神也是如此。身体稳定了可以做很多高难度动作；心灵有根基了，我相信也可以面对更多挑战。

后记

第二天早上，苏若鱼给我发来这样一段话：今天早晨我在打扫院子，扫了太多的落叶。扫着扫着，感觉对大自然有了更充分的体会。每年的春夏秋冬，春天莺飞草长，夏天绿叶繁茂，秋天叶子开始变黄，到冬天风一吹，哇，每天都要打扫好几桶落叶。我把落叶倒在树底下，让它变成肥料去滋养大树。植物如此，动物也是，所以我就能更加放松地去看待猫、狗、人的生命过程了。

猫狗同遛

特别的采访

主人：陈振标，"佩蒂股份"董事长、
　　　《三十位宠物主人访谈录》发起人
坐标：杭州市萧山区诺德财富中心"佩
　　　蒂"办公室
宠物：雪纳瑞，3岁；巨贵，2岁

维：报告陈老师，已经完成您的托付，写完 30 篇访谈。能否和读者说说，
　　您为什么要做这件事？

陈：辛苦丁老师。作为一个前初中语文老师，我很享受这次的"作文邀请
　　赛"，可以让我读到那么多真实感人、启迪思考的好文章，带我重温
　　了三十多年前在温州水头做语文老师的感觉。读到这 30 篇故事，我
　　觉得这 30 年的努力，一点一滴都没有白费。

维：我知道您是在 1992 年辞去公职、下海创业，开始从事狗咬胶的生产与外贸,逐渐扩展到宠物食品与生态。为什么您要以这样一本"访谈录"来纪念公司成立 30 年?您当初交付我这个任务时,给我完全的采编自主权,而且特别交代我,在所有的采访中不要提公司一个字。

陈:我想大家对我怎么创业、公司怎么发展可能并不感兴趣。我不是杰克·韦尔奇,有那么多管理学经验可以分享;也不是吴晓波,可以写出《激荡三十年:中国企业》这样的畅销书。我只是赶上了改革开放、"南巡讲话"的时代机遇,像很多温州人一样尝试了创业,并且误打误撞选对了赛道,一干 30 年。这些小小的成功和我个人的关系其实并不大,是时代给了我这一切。站在 30 岁这个而立之年盘点过去,与其自我欣赏,还不如给各位养宠物的朋友搭个平台,让大家来分享彼此的故事,也让我看看,自己选择的道路有多温暖与热闹。

维:我个人觉得这个切入点选得特别好,据我所知,国内还没有出版过关于宠物主人的访谈录。

陈:中文字典和英文字典里对宠物的定义都差不多,指具有陪伴、娱乐等功能的家养驯化动物。由此可见,宠物是人们出于精神目的而不是经济目的豢养的生物。饲养宠物能让人类亲近自然,满足心理需求。中国人在解决温饱之后,精神需求是接下来有待满足的事项。据《2020 年中国宠物行业白皮书》显示,2020 年中国城镇宠物(犬猫)数量超过 1 亿只,养宠人数达到 6294 万人。如此庞大的群体,在出版界却听不见他们的声音。书店卖的宠物相关书籍,大多都是关于宠物护理、品种图鉴、诊断医疗,极少涉及宠物主人的真实养育故事。既然宠物有如此强大的精神属性,用文字来交流不是很契合吗?

维:确实,以当前的养宠规模,这是一个值得被挖掘的题材洼地。

陈振标和他的雪纳瑞

陈振标夫妇带着巨贵犬爬山

陈：如果公司生产的是热水瓶、保温杯，或许我不会想到这个点子。一千个消费者买保温杯，目的都是为了保温饮用水，泡泡枸杞。但是一千袋猫粮狗粮被主人买回去，背后是一千只宠物，它们与主人的故事一定千姿百态。其实我也很好奇，我们生产的狗猫主粮、零食、互动食品，最后都去了哪里？是在哪个城市、哪个家庭被哪个主人撕开包装、喂养了哪个毛孩子？固然，我们经常零敲碎打地听到各位主人讲述自己的宠物，可如果能将这些故事集结成书，让各位宠物家长能够把故事分享给其他宠物家长，让这些真实感人的叙述激起更多人的情感共鸣，我想这或许会是一件喜闻乐见的事。不管养宠物与否，也不管你身在何处，人类的情感一定有共通之处。

维：您自己养了什么宠物？能分享一下您自己的故事吗？

陈：因为我的孩子很喜欢狗，这些年我养过好几条不同品种的狗。目前，我身边有两条狗：一条雪纳瑞叫奥利，一条巨贵叫爱美丽。我们公司是可以带宠物上班的，奥利和爱美丽每天都会跟我一起去公司。记得有一天看新闻"美国谷歌公司允许员工带宠物上班"，我马上通知公司行政部：我们公司也允许员工带宠物上班。第二天我就带着奥利和爱美丽去公司了。现在，我们办公室里常年有两条狗，五只猫，还有不定期来"上班"的其他宠物。

奥利是条公狗，能听懂人话。有一次两个员工在聊天，其中一个开玩笑说要给奥利做绝育，它马上对那个员工狂吠。爱美丽是条母狗，非常地爱美丽，也喜欢拍照，尤其喜欢在公司拍合影时凑热闹。我们的公司集体照里经常能看到它站在前排中间。对了，在西方，很多人一生要养三条狗，你知道为什么吗？

巨贵每天跟着陈振标去公司上班

维：不知道。

陈：人生中的第一条狗通常来自父母，在小孩出生前就已经生活在家里，在小孩出生后陪伴着他们一起成长。这条狗在孩子出生时是狗哥哥，会陪伴甚至照顾小朋友，但随着孩子长大，它也走向衰老。这样的对比态势构成了很直观的教育场景：让孩子在懵懂中接纳生命的规律，跟着父母一起照顾曾经健壮、而今老病的宠物，培养同理心和责任心。

第二条狗是孩子长大成人后独立养育的狗。单身时养狗可以排遣寂寞，恋爱后养狗能够增加情侣间的话题，待结婚生子，他们就翻转成为父母当年的角色。

第三条狗是他们退休之后的空巢伴侣。此时孩子已经独立，养条狗能规律作息，保证运动量。当另一半离开人世，剩下的那一个如有宠物相伴，也是莫大的慰藉。

随着中国的经济腾飞和老龄化趋势，这套贯穿人一生的养狗逻辑也在中国得到了运用，并且发展出具有中国特色的养宠场景。比如青少年学业压力大，容易导致抑郁，养猫养狗已被证实有强大的疗愈功用；随着上学就业机会的流动，一家人分布各地生活的模式也比比皆是，缺失的亲情由特殊的"家人"填补，也能多多少少改善这种无奈。

维：说得很好。我还有个私人问题，您当初为什么选择我来做主笔的采访人？

陈：我们认识也有十多年了吧?如果没记错的话，我是在 2009 年 3 月，欧盟食品兽医局的对华宠物食品核查时认识了丁老师，您当时是欧盟的随团翻译。几天核查下来，丁老师的语言能力和翻译水平给我留下了

陈振标在"佩蒂"新西兰工厂

很深的印象。虽然我不懂采访，但我觉得很多技能是相通的，做笔记、抓重点、理解复述、概括归纳，这些既是翻译的基本功，也是采访的基本功。对于采访人来说，自己不养猫狗也并不是劣势，甚至可能是个优点：这样就不怕把私人的宠物经验有意无意地掺杂进对话里。我对这本访谈录只有一个要求：真实。

维：是的，我记得您当时和我说了八个字：采编自由，真实就好。整个采访过程中我也遵守了这个唯一的要求。我在采访中出的洋相全部保留在书里，没有去美化或删减；而受访人的回答，在征得他们同意的前提下，也做了真实完整的呈现。有些问题的回答与我设想的不一样，没有那么戏剧化或煽情，我也都做了如实记录。这30位受访人来自杭州、上海、北京、厦门、台中等城市，还有美国、泰国、法国等地，有知识分子、商界精英、普通打工者、还俗的和尚、夯土匠人、家庭主妇等，对待宠物的经验值和价值观也各有千秋。

这是我有意的选择，希望能收录到不同的声音，为读者呈现丰富有层次的养宠全貌，而不是过度集中于某一个群体、某一种声音。我总觉得当某一种声音被过度放大，乃至覆盖其他的声音，价值导向就会变得单一和单薄，位居制高点的观点会越来越傲慢，位居下风的观点也会越来越走向对立，冲突就变得无法避免。

陈：我非常认同这种观点。即便在看似完全不同的观点背后，也有很多人类的共性可以挖掘。如果我们一味集中于差异，并且不自觉地去放大差异、制造对立，而不是花更多心思去了解各种观点背后的成因，这样的方式无益于弥合分歧，也会让很多事情陷入僵局。

养宠物给了人长期观察另一个物种的生活状态、生命走向的机会。理想的情况下，这种跨物种经验会让人的视野变得更加包容和多元，也能让人学着为生活中听闻的各种事件分配出合乎比例的喜怒哀乐。养宠物的过程也是在养自己。

这本书的名字叫做《同一屋檐下——30位宠物主人访谈录》，在一个养宠物的家庭，人和宠物生活在同一屋檐下；而如果把苍穹比作屋檐，我们又何尝不是在地球的屋檐下，结伴而行？

生命是短暂的，家里养过宠物的人应该特别能体会这一点，所以我希望人能善待宠物，也能善待同胞、善待地球。一个对宠物冷酷的人，大概率对同胞也不会太温暖；反过来，对同胞很冷酷的人，对宠物也不会有健全的爱。

当然，形而上的思考过后，我们也需要形而下的落地，这就关联我所从事的行业：用优质、细分的狗粮、猫粮提高宠物成长各个阶段的营养水平与生活质量，让主人可以在这方面少操点心，从而匀出更多的时间去享受宠物的陪伴，也让宠物好好享受一日三餐，享受社会生产力的进步带来的红利。

维：因为我没有养狗，所以对狗粮的了解也仅限于2009年的那次考察经历。那年跟随欧盟食品兽医局拜访"佩蒂"，欧盟团长给了"佩蒂"很积极的评价。

陈：那次考察我们做了充分的准备，去展示"佩蒂"最佳的真实状态。十几年过去了，与当年相比，我们的产品已经迭代了好几轮，市场也越来越大。2017年7月11日，公司在"深交所"敲钟上市，股票代码300673。"佩蒂"就这样成了中国宠物食品行业的首家上市企业。

陈：我属牛，今年 61 岁了，但可能牛就是要一辈子干活的吧，我觉得还有太多的事情要做。除了国内的生产之外，近年来我们也在越南、柬埔寨和新西兰投资建厂，打造全球供应链。生产的产品也从初期的狗咬胶扩展到各类宠物食品。今年，我们的新西兰工厂已经投产，开始向国内用户供应新西兰原产的主粮。

当然，吃饱了之后还要有精神享受，不管是人或宠物，只要是生命，彼此的追求路径其实都差不多。坦率地说，和国外相比，目前对国内宠物友好的去处还比较欠缺。我也听到很多养宠朋友向我抱怨：能带猫狗玩的地方太少了。

这个问题要理性分析。固然，现在养宠的群体很庞大，而且有越来越大的趋势，但是中国人口稠密，不养宠的群体依然占多数，如何平衡两个群体的福利，使得养宠群体的福祉得到提升，同时又不侵犯非养宠群体的利益，这是需要仔细斟酌的。

以公共交通为例，我们知道，在国外很多地方，宠物可以上飞机、坐地铁公交，但是以国内的人口规模和公交客流情况来讲，如果也如此效仿，势必会引起很多社会矛盾。宠物友好酒店、餐厅，也是如此。

但这并不表示问题就没有出路。只要去想，就总能找到因地制宜的解决办法。目前我们正在杭州周边筹建宠物主题休闲度假地。疫情后出现了 staycation（本地度假）的模式，因为出行受限，本地度假或周边自驾游成为很多人的选择。带着猫狗入住我们的休闲度假地，让毛孩子跟着家人享受度假的快乐，也让宠物家长们能够在一起以宠会友，我想这大概会是很多养宠人喜欢的休闲方式。

维：听起来很不错。我要是猫狗，肯定不乐意主人自己出门度假不带我，我也想跟着主人出去看看世界。

陈：人同此心，心同此理。不仅是人，有情众生都差不多。

维：还有其他想对读者说的吗？

陈：我想感谢参与访谈的 30 位宠物主人，和读者们分享自己的故事。感谢我的太太郑香兰、弟弟陈振录、侄子陈林艺、侄女陈宝林，以及佩蒂的各位同仁，30 年来不离不弃，既能与我共患难，也能与我共富贵，虽然也谈不上大富大贵。感谢我的女儿和儿子，能够给我温暖完整的家庭和延续血脉的希望。感谢上海人民出版社党委副书记何元龙老师促成此书的出版，责编张冉女士的专业与勤勉，感谢丁老师速度惊人的采访与写作。当然，我最应该感谢的还是书里提到的宠物们，虽然这本书你们可能看不懂，但你们才是真正的主角。

如果有读者朋友看完这本书后也想分享自己的故事，我会非常欢迎。公司已决定将"宠物主人访谈录"打造成常设项目，只要关注"佩蒂股份"公众号，就有机会送你的宠物上出版社。我期待在续集里，读到更多新朋友的精彩故事！

后记

首先，要感谢此刻的你，把这本书从头看到了这里。

再倒推上去，要感谢陈振标先生给我这个机会，感谢各位受访人用心讲述，感谢好朋友慷慨作序，感谢出版社维持既定时间表的努力，让这本书如期问世。

事情的缘起是这样的：今年一月，陈先生找到我，邀请我担任策划及主笔，创作一本"宠物主人访谈录"。我问他，虽然我出版过11本译作，但从来没有做过访谈，也不曾以作者身份出过书，更没有养过宠物……为什么找我？他的回复不仅解释了我的疑惑，还给我注入自信：做翻译和做采访是互通的，不外乎抓重点、做笔记、揣摩语言背后的本意。翻译做得好，采访也不会差。至于没养过宠物就更是优势，这样才不会因为自己的养宠经验而失去采访人的中立视角。

真的开始干了，发现确如陈先生所讲，筛选目标——进行采访——整理写稿，进行得超乎想象地顺利。两周过去，竟已完成半数采访。因为疫情的原因，绝大部分采访都是闭门进行：选定目标受访人后，我在家通过微信语音和各地受访人对话。这本是权宜之计，没想到却成意外收获：与现场采访相比，微信采访绝少干扰，完美保障一对一专注谈话。

我的具体操作是：发语音条向对方提问，对方发语音条回答，我再从对方的回答中捕捉线索展开追问，以此类推。并且，与短兵相接的语音电话相比，等待对方语音条的时间正好可以用来思考与组织语言（这种感觉有点像做交替翻译）。结束采访后，把语音条转成文字，再粘贴到文档中，梳理出主次和顺序，修剪掉冗余和闲杂。往往整理到篇末，每篇的后记思路也会浮出水面。

不过，虽然技术上很快得心应手，采访到后半部分，我遇到了内容上的挑战：受访者多为沪、杭中产阶级，如此高的地域和阶层集中度，对于写作者和阅读者都不够理想。于是，托各路朋友介绍，我努力将采访对象扩展到户外领队、普通打工者、还俗和尚、夯土工匠，地域也延伸到泰国、法国、瑞典等地。眼前永远苟且，诗意总在远方。"包邮区"的毛孩子家长大概也会好奇，在地球的其他角落，远方的毛孩子家长有着怎样的日常？

我做口译时经历过不少程式化的采访，双方拿着脚本一问一答：问题是固定的，回答也可预测。轮到自己做采访，我很想尝试不一样的方式：循着对方的话锋，伺机捕捉对话中一闪而过的神思，就像在黑夜里寻觅萤火虫。凭什么？凭我从来没有做过采访，没有任何包袱吧！因此每篇采访都像开盲盒：我准备的问题可以一个都不提，对方准备的脚本也可能一字都用不上。

在这里，我想对各位受访人道声感谢，谢谢你们接受这种访谈风格，陪着我在绿色的微信语音条里"捉萤火虫"，而我们还真的捉到了不少萤火虫。当然，有时我也会扑空，姿势还挺难看，我把这些洋相也记录在了书里。为什么？因为我不想写一篇"好看"的采访，通篇都是"完美"的对话。罅隙本是人性的真容，为什么要用多余的语料为它粉饰，或者直接抹杀它的存在呢？就这样，仅用一个月就完成了30篇访谈及写作，三月中旬顺利交稿。然而，接下来的情况却超出了很多人的预料：上海受疫情影响，出版社居家办公，在各位编辑、审校老师之间快递文稿都成了一件难事。

等待出版的这段时间，我对部分受访人做了回访。

《在法国，80%的主人像宠物》一篇中的兔子嘟嘟在采访后的一个月去世。

《最好的安排》一篇中的病猫在没有任何用药的情形下奇迹般地康复。

《猜猜我有多爱你》的主人新添了一只布偶猫，但怕生的却是原来的英短。

《宠物的政治正确》一篇中的柴犬现在天天出门遛弯，因为居家办公的北京朝阳区主人终于有时间陪它。

《冲动是天使》一篇中的小奶狗成长得很好，就是目前在上海买狗粮有点困难。

《烟花与星辰》里面的长毛狼犬因为疫情原因一度吃不上鸡骨架，经过主人的各种努力，终于订到了几箱。

《没有爱可以克隆》中的比格犬得了乳腺肿瘤，刚刚做完手术，目前住院康复中。

《女神的礼物》一篇中的波音达掌握了新技能：和骑电瓶车的主人并驾齐驱，在山路上驰骋。

仿佛被一股莫名的力量牵引，我家也迎来了一只名为"波儿"的白兔，这让我可以长时间、近距离地观察另一个物种的生命状态，对照自省。

相信大家都有所体察：2022年的无常，比往年来得更迅猛一些。在经历了人类的高歌猛进、无度膨胀之后，地球或许是在用特别的方式教育我们：是时候清除妄念、回归本质。那就祝愿你我能够不负此间的深意，在纷纷扰扰中常守正念，照顾好自己的身心，以及同一屋檐下的生命。

丁维

2022 年 5 月 19 日于杭州

图书在版编目（CIP）数据

同一屋檐下：30位宠物主人访谈录 / 丁维编 —— 上海：
上海书店出版社，2022.8
ISBN 978-7-5458-2166-6

Ⅰ.①同… Ⅱ.①丁… Ⅲ.①人物-访问记-中国-现代
Ⅳ.①K820.7

中国版本图书馆CIP数据核字(2022)第101843号

责任编辑　　张　　冉
装帧设计　　汪　　昊

同一屋檐下：30位宠物主人访谈录
丁维 编

出　　版　上海书店出版社
　　　　　　（201101　上海市闵行区号景路159弄C座）
发　　行　上海人民出版社发行中心
印　　刷　上海丽佳制版印刷有限公司
开　　本　710×1000　1/16
印　　张　15.25
字　　数　150,000
印　　数　1-6200
版　　次　2022年8月第1版
印　　次　2022年8月第1次印刷
ISBN 978-7-5458-2166-6/K.443
定　　价　68.00元